木下恵介監督映画「なつかしき笛や太鼓」の舞台裏

——小島の満天に星は輝く

玉井正明・玉井康之

北樹出版

序文——本書の目的と「なつかしき笛や太鼓」

1　映画「なつかしき笛や太鼓」のモデルとなった小手島の人達と生徒

本書は昭和の映画界の巨匠・木下恵介監督映画「なつかしき笛や太鼓」（東宝映画）のモデル校となった香川県丸亀市立小手島（おてしま）中学校の子ども達・教師達・住民達の一丸となった奮闘と島民の温かさを、映画の舞台裏からとらえたものである。小手島中学校は、香川県内でも小さい離島の中学校であるが、一九五九年八月七日の香川県中学校バレーボール大会で優勝した学校であり、その奮闘と教訓を木下監督は映画「なつかしき笛や太鼓」の中で取りあげた。木下監督が取りあげた舞台裏のストーリーは、ほぼ事実に基づくものであり、その事実の展開と映画のストーリーを照らし合わせることで、木下監督が庶民や教師のどの部分を特に重要であるととらえたかが見えてくる。

映画の舞台裏をとらえる上で基となるのは、香川県大会優勝時（一九五九年度）の小手島中学校バレーボール部監督で、新卒教師の故・玉井正明の当時の記録である。小手島では、子ども達は親を手伝う働き手であるにもかかわらず、子ども達が放課後にバレーボールの練習をすることを島の人々が温かく見守って下さったことに、故・玉井正明は亡くなるまで感謝していた。そして何よりも一生懸命練習してくれた子ども達を誇りに思い、生涯繋がりを大切にしていた。島全体で一丸となり子ども達や学校を応援するという温かい雰囲気が、優勝という素晴らしい成果に繋がっている。

小手島中学校が木下惠介監督の映画に取りあげられたきっかけは、木下監督が映画「二十四の瞳」（一九五四年公開）の謝意を伝えるために、一九五九年に香川県教育委員会を訪れていた際に、たまたま小手島中学校の県大会優勝の快挙を耳にしたことに始まる。その後、小手島中学校の豊島教頭が県大会優勝までの生徒と故・玉井正明の行動記録を書いて、テレビ局などに投稿した原稿が元となり、それを木下惠介監督が詳しく調査した上で、脚本化したものが「なつかしき笛や太鼓」の映画となった。本書はその当時の新卒教師・故玉井正明の記録から映画の舞台裏をとらえたものである。

2　離島のささやかな奮闘をとらえた木下惠介監督

木下惠介監督は、映画「二十四の瞳」で、香川県小豆島の岬の分教場を取りあげたが、映画「なつかしき笛や太鼓」で取りあげた学校も、香川県内の離島の小さなへき地四級校である。必ずしも環境に恵まれていない小手島中学校が香川県バレーボール大会で優勝するまでには、子ども・教師・地域住民の様々な苦悩や葛藤があり、木下監督はこれらの庶民の生活と機微を生々しく描いている。その主役は、当然小手島中学校の当時の生徒達であり、それを支えた小手島の住民達である。加えて生徒達を支えた学校関係者達であり、その中に新卒教師の故・玉井正明もいる。すなわちモデルとなった人達は、一人ではなく、生徒達・住民達・学校関係者など小手島のすべての人達である。

学校は当然組織で動いているため、各教師は、校長等の管理職の元で役割分担をしながら、生徒達の成長や学校全体の発展の為に貢献し、それを管理職が学校として代表する。新卒教師でバレーボール部監督であった故・玉井正明も当時の校長・教頭と連携しながら、学校・生徒達や地域の成果を高めるために奮闘した者の一人である。また当時の教頭も、最初に木下監督が来島した時に、故・玉井正明の優勝までの経過を木下監督に紹介してくれている。一九五九年香川県バレーボール大会優勝は、先にも述べたように学校全体・地域全体の協働的な力によるもので、故・玉井正明の記録にも学校・地域・生徒全員の成果であることが明記されている。

生徒達の偉業は、学校関係者の大きな喜びだけでなく、地域住民の大きな喜びをもたらし、島全体の前向きな意欲をかき立てている。生徒達・地域住民・教師の総力による協働的な成果は、ささやかではあるが、そのささやかな庶民の成果が、また島の逆境を克服する新しい力となっている。また島の教育の取組は、「教育基本法」にも明記された「教育の機会均等」の壮大な目標を具現化させるものでもあった。この教育の取組がまた戦後日本の経済成長を支えるとともに、成長下で格差拡大し始めた不平等を是正する社会公正化を図る取組となっていた。すなわち教育による子どもと大人の成長は、戦後復興の新しい地域・社会を創る原動力ともなっていた。

木下恵介監督は、あえて離島のささやかな教育的な奮闘と庶民の協働的な成果を取りあげることで、地域・社会を動かしていく教訓を鋭く抽出した。庶民の協働的な成果が社会を創っていくという木下監督の真髄がここに現れている。

3 庶民的心情と名もなき人達を大事にする木下恵介監督の信条

木下恵介監督の映画には、現実離れした派手派手しいアクションではなく、やはり庶民の生活の中での奮闘を描いた作品が多い。作品の主人公は、歴戦を勝ち抜いた将軍や、国家を動かす地位が高い人でもなく、普通の名もなき庶民の機微を取りあげている。

また木下恵介監督の作品の中で学校・教師を取りあげた作品は、香川県小豆島の岬の分教場を舞台にした「二十四の瞳」と、香川県小手島の「なつかしき笛や太鼓」の二つがある。この二つの映画は、いずれも瀬戸内海の離島のへき地校を舞台にしたものである。

一九五〇年代は、戦後日本の高度経済成長が始まっていたとはいえ、離島・へき地における暮らしまで発展していたわけではなく、工業化で発展する地域と取り残される農山漁村地域が分離して、むしろ都市と農山漁村の地域格差が拡大した時代でもある。「へき地教育振興法」が制定され、へき地の教育振興が課題となったのも一九五四年である。環境に恵まれない山間地・離島地域の教育を振興し、格差を縮小することは、教育界や社会全体の課題ともなっていた時代である。

そんな時代背景の中で、木下恵介監督があえて、香川県内で最も小さい離島のへき地校の奮闘を取りあげたこと自体が、庶民と名もなき人達や地域に焦点を当てていく木下監督の温かい心情を示すものである。木下監督は、映画化に向けた脚本の中で、「瀬戸の島々の中には人間が人間であることに自信を持って生きている人達がいる。私はその人達の生活を私の自由なカンバスに描き、力の限り私の喜びを彼らと共に爆発させたい」ということを語っている。

名もない庶民や地域のささやかな奮闘や協働性が、逆境を克服していく力になることを、広く日本社会に問いかけた木下恵介監督もまた戦後の新しい社会を創るために尽力した立役者の一人であろう。本書では木下恵介監督映画「なつかしき笛や太鼓」の舞台裏を、故・玉井正明の記録からとらえることによって、木下監督がとらえたかった信条を垣間見ることにしたい。

目次

木下恵介監督映画
「なつかしき笛や太鼓」の舞台裏
――小島の満天に星は輝く

はじめに――小島の満天に星は輝く

戦後の荒廃から漸く立ち直り、人々の表情に明るさが漂い始めた昭和の中葉、離島の中学校が人々の話題をさらい勇気づけました。それは、離島・小島の全校生による香川県中学校バレーボール大会の優勝（一九五九年）と、一隅を照らす価値を素早く見抜き、その映画化に踏みきった巨匠・木下惠介監督の存在です。木下監督は、名もない人達の奮闘に光を当てる映画を信念として作り続け、香川県小豆島の教師の映画「二十四の瞳」（壺井栄原作『二十四の瞳』）に続いて、香川県小手島を舞台にした映画「なつかしき笛や太鼓」（一九六七年公開）を製作されました。ここにも人情味あふれる木下監督の庶民の喜び・悲しみの小さな変化を取りあげる信念と作風が現れています。

小手島中学校の県大会優勝は、オリンピック・パラリンピックの世界性、国内各種の全国大会の関心度やレベルに比して、全く比較にもならない小さな出来事です。しかし、この島への入植以来、一〇〇年の歴史の中で初めての栄光であり、未来への歳月を刻んでも再現が難しい金字塔です。

二〇二四年を起点にすると、この出来事は、すでに六十数年余、映画化されて約六〇年が瞬く間に過ぎ去りました。風化が進行し世代が代わることで、すっかり忘却の彼方に消え去りました。改めて当時、香川県内一小規模校の生徒が、二〇〇〇人もの生徒数を持つマンモス強豪校達をなぜ連破できたのかを、映画の舞台裏からとらえてみたいと思います。

この奇跡の背景には、以下のような要因があります。

・生徒達が「積小為大」を理解し、貧弱な施設の中でも、生徒達の地道な練習が続けられ、それが結実しました。

・子どもは重要な労働力であるため、保護者は当初お金にならないクラブ活動に否定的でしたが、保護者の理解も変化し、学校を応援する雰囲気が一層高まってきました。

・塩飽（しわく）諸島地域恒例の塩飽地区運動会で、当時「万年最下位」と揶揄《やゆ》されていましたが、「一つ勝つ」ことで、教師達は、生徒達の自信と社会性を育てようと考えていました。実際に当時の島の子ども特有の消極性と劣等感は、「一つ勝つ」ことで大きく変化しました。

・そして学校と地域が協働しながら子ども達を育てようとする教師達と住民の熱意と努力がありました。

教師達自身も飢えや疲労と葛藤しながらも、目標を貫徹させようとする教師達の信念が、子ども達にも響き、子ども達と呼応しながら、子ども達は奮い立っていきました。

その小さな島の出来事を木下恵介監督はなぜ映画化しようと考えたのか。木下監督がとらえようとした庶民の暮らしと葛藤の中での小さな機微・心情と、困難な中にも前進しようとする姿を、改めて後世に伝える必要があります。そのためにも小さな島と小規模校の県大会優勝までの経過と、映画の舞台裏となる、庶民・子ども達の暮らしや学校の変化を現地からとらえておく必要があります。本書は、一九五九年当時の学校・教師の側から見た小手島と小手島中学校の子ども達の様子です。

第一章　映画のストーリーと映画の舞台裏

1　映画「なつかしき笛や太鼓」のストーリーと展開シーン

最初に木下惠介監督映画「なつかしき笛や太鼓」（一九六七年）の映画がどのようなストーリーとなっているかを映画の展開シーンから時系列的に要約しておきたい。映画の舞台裏をとらえる上でも、最初に映画のストーリーと展開シーンを知っておくことで、その舞台裏の背景や事実の流れもとらえやすいからである。このストーリーを踏まえた上で、舞台裏となる小手島の学校や地域の状況をとらえると、木下惠介監督が映画の中で、どのような現実を生き方の教訓として抽出しようとしたかが見えてくる。

木下惠介監督映画「なつかしき笛や太鼓」（一九六七年公開）のストーリー

舞台は、瀬戸内海に浮かぶ塩飽（しわく）諸島の中で一番小さい小手島。映画の冒頭で映された瀬戸内海は、島々が点在する国立公園であり、朱色や緑の色とりどりの大型フェリーや貨物船が優雅に行き交い、穏やかな風景が続いている。それはまるでその後の物語にあるように、自然条件も厳しい小さな小手島の奮闘と対照的に映されているようである。

この離れ小島の小手島に、へき地教育に情熱を燃やす一人の若い男の先生（家田先生）が赴任してくる。映画のオープニングシーンは、逆にその若い先生が小手島を転勤で離れる時の見送りシーンから始まる。若い先生夫妻を見送る際の、大勢の島の人達が談笑している島民の温かい雰囲気は、その後に映画に出てくる島の乱暴者のシーンとは対照的に描かれている。最初のシーンで笛や太鼓を鳴らしながら盛大に先生を見送る光景は、漁師まちに相応しく、大漁旗を掲げた船団で先生を見送っており、小手島の温かくそして島民の自信と気概あふれた雰囲気を表している。

先生を見送る時に乗せた船は、比較的大きい船であるが、塩飽地区バレーボール大会に出かける時の船は小さい漁船である。一方、県大会で優勝した生徒達が卒業する時に、漁船も動力船に転換するなど、バレーボール大会優勝後の生徒達の新たなことに挑戦する気概の高さが、船の変化に表れていることも映し出している。

小手島に赴任した若い先生には婚約者がいるが、その婚約者との約束や生活を振り切ってでも小手島へ来たのは、死んだ戦友の孤児健一（健坊）がこの島にいるので、その面倒を見るためである。

あえて小島に行こうとする若い男の先生に、婚約者の若い女の先生は、自分との結婚をどうするのかと詰め寄っている。その戦友の孤児はやがて大きくなり、丸亀市内の高校に進学するために島を出る。当時の小島から高校進学する生徒達が初めて出たという事実をもとに、島の生徒達の島外に出て新しい生き方を模索する意欲と自信の変化をさりげなく映し出している。若い家田先生夫婦はその孤児が高校に進学するのと一緒に島を出ることになる。

最初に小手島に赴任した時の若い先生は、島の生活に期待を持ちつつ、小さな船で向かった。最初の若い先生の赴任時の服は、スーツ・ネクタイ姿で赴任しているが、あとに出てくる服はすべてトレパン（トレーニングパンツ）になっている。これが作中でトレパン先生と呼ばれる所以であり、トレパンでバレーボールや教育活動を進める姿が教師の気概を示している。すなわちトレパンで子ども達の中に体当たりで飛び込んでいくという姿勢で、気取らず真正面から子ども達や住民に向かい合うことが、新たな地平を築く基盤となっている。

最初の赴任時の船が島に着岸すると、港まで子ども達が新しい先生を見に来たが、荷物を運ぶ手伝いもせず逃げてしまい、島の上の遠くから先生の様子を覗いている。当時のへき地・離島の子ども達の恥ずかしがり屋で人見知りをする一面を表している。島の坂道で荷物を運ぶ姿や二人部屋の教員住宅の様子は、島の道路・インフラが整備されていない環境も描いている。

若い先生が島への期待を抱く一方、若い先生が島の生活を始めると、この島に来てから実際の島の教育環境の劣悪さに驚きを隠せなかった。酒を飲んであばれバクチばかりをしている島の男達もいた。

しかも子どもまでもが親をまねてバクチをしている。とがめると、何の楽しみもない島では、こんなことでもしなければすることがないというのである。学校の勉強も認めず、家業をさせるために学校から生徒を連れ出してしまう。最初は島そのものの生活の向上などは考えられない状況であった。

塩飽諸島で集まって運動会を開いているが、塩飽地区大会に船で出かける時の子ども達の雰囲気は、当初は全く無気力な雰囲気を醸し出している。他の島の船は、速力の速い船で元気よく小手島の船を追い越していく。塩飽諸島の中でもいじけた小手島の雰囲気を映し出している。小学校・中学校が集って行う塩飽地区運動会では、「ビリを走っているのは小手島の子だ」といつも冷やかされていた。しかし当時の子ども達は、最初は反発する気もなかった。他の島から来る船の威勢がいい雰囲気であるのと対照的に、小手島の子ども達は帰りの船の中でも寝たふりをして、あまり元気がない雰囲気が映し出されている。この島の子ども達の雰囲気は、その後の県大会優勝をもたらす子ども達の雰囲気とは対照的に描かれている。

若い先生は生徒達を奮い立たせるには劣等感をなくし自信をつけることから始めなければならないと考え、大松式（香川県出身の女子バレーボール指導者の名前）のバレーボール教育の特訓を始めた。しかし最初はなかなかうまくいかない。生徒達が「なんちゃおもしろないのー」「つまらんのー」と乗ってこないし、ボールは置き去りである。校庭も狭いので、練習中にボールはすぐ海に落ちてしまう。効率的な練習ができないという環境も描き出している。

しかし生徒達の関心は、実はバクチと同じで、生徒達は勝ち負けには興味を示すことに、若い先生も気づく。そこで勝つことの面白さを伝えていくが、生徒達も内心は負けることを良しとは思っていなかった。潜在的には負けることを克服したいと思っていたことに、若い教師は火をつけている。

若い男の先生の島に、改めて婚約者の女性が来て結婚を迫るが、若い先生は、「子ども達に自信と勇気をつけるために、試合に勝つまで待ってくれ」と頼んでいる。すなわち、将来の結婚を約束しつつも、島の子ども達の教育を優先していく若い教師の情熱と子ども達への愛情を映し出している。そして婚約者の教師も次第に若い先生の島の子ども達への情熱と志を認めるようになっていく。やがて婚約者の女性は、小手島中学校の優勝後に、小手島の先生として一緒に赴任することとなる。婚約者が小手島に来た時には、島の子ども達は、日曜日も学校に出て来ていて、若い男の先生と婚約者との会話を遠くから聞いている。

子ども達は先生の志も感じとり、徐々に試合に向けて、一生懸命に練習するようになっていった。ただ栄養不良や家事労働もあって、生徒達が疲れきって誰一人練習に出てこられないこともあった。校庭には、練習時間になっても子ども達が現れず、若い先生と孤児だけが寂しくボール遊びをしている。それは島の厳しい環境の中にある子ども達の状況を認めざるを得ない先生の心境も表している。

試合が近づいて来て、家の手伝いがおろそかになった子どもの親達からの抵抗も生まれ始めた。特に試合も近づいているのに、選手になった子どもの親達が、「そんな馬鹿なことで時間を費やすよりも、家で仕事を手伝え」と言い出し、試合に出ないように子ども達を叱っていた。若い先生は、漁業を手伝ったり、子守を手伝ったりする生徒を励ましながらも、同時にその親達のもとを回って、バレーボールに出させてもらうように説得していく。時には力ずくの喧嘩もして、親達を説得していく。そして少しずつ親達の理解を得られるようになっていく。

さらに人数が少ない小手島は男女混合チームで出ざるを得なかったが、教育委員会から男女混合の出場は認められないという連絡が入る。しかし若い先生は、塩飽地区大会役員の校長や教育委員会に交渉に出かけ、男女混合を認めてほしいと訴えていく。それは試合に向けてせっかく頑張っている生徒達に会わせる顔がないという強い思いである。小手島に夜に戻った若い先生は、船が島に近づくにつれて子ども達から声援と感激の出迎えを受ける。実は教育委員会から校長に、今回限り男女混合チームを認めるという許可の連絡があったというのである。このシーンは、単に上意下達ではなく、上の人達にも働きかける若い先生の情熱をとらえた姿である。

皆で試合に出られるという生徒達の喜びもある一方で、それでもまた親が学校から子どもを連れ出したり、学校に行かせず働かせたりすることもあった。その都度若い教師は親達に説得に出かけていく。

一難去ってまた一難という事態が次々と起こるが、それに屈しないで粘り強く障壁と闘っていく若い先生の姿に、映画は何か困難を克服していく人生の教訓を訴えているようである。

いよいよ塩飽地区大会の試合が行われることになり、選手が入場するが、他の中学校はすべて白のシャツ・ズボン・ズックをお揃いで着ているのに対し、小手島中学校は、まちまちの服や草鞋で入場し、観客席から笑いが起きる。小手島の子どもが汚れた普段着と草履を履き、他の島の子どもがきれいな揃いの白シャツ・ズボンとズックという対照的な姿も少しオーバーな表現ではあるが、逆境の中にある小手島の子ども達の、逆境に負けない奮闘を対照的に映し出している。それでも映画を見ている間は、案外服装の違いなどの細かい対照的な演出は気づかないかもしれない。

映画は塩飽地区バレーボール大会の一つ一つの試合の経過を丁寧に描いている。普通の常識ではスポーツ映画ではないので、試合時間が長い描き方とも言えなくないが、意識的にその場面を丁寧に描いている。実際の塩飽地区大会の勝利は、ドキドキする中で薄氷を踏むような勝利であった。映画鑑賞者からすると、最後は小手島が勝つのではないかと予想するが、逆にその心理を読んで、あえて一進一退の試合の、固唾をのむ厳しい状況を長い時間描き出している。実際の塩飽地区大会の試合も、やはりドキドキするような試合であった。

小手島中学校が初戦で初めて勝った時は、万年ビリだった子ども達も信じられないことが起きたかのように、呆然と立ち尽くしている。若い先生も最初呆然としていたが、「早くこちらに来なさい」と子ども達を呼び寄せる。初戦に勝ったあとは、徐々に小手島中学校は勢いづいてくる。それは子ども達の自信と勇気がもたらした、実力以上の力の発揮を表しているようだ。

塩飽地区大会の決勝戦になった時には、小手島の子ども達は選手全員が、試合開始後に履いていた草履・靴を脱ぎ、裸足になる。コート横で得点記録をつけていた小手島の子どもも一体となって同時に裸足になる。生徒達があえて裸足になることは、白いズックはなくても、意気込みはあるという、まさに精神力と自信を対照的に表したものである。そして全員が裸足になるというチームの結束力の強さを表している。

決勝戦での、対戦する「神部島中学校」の応援団の声援はすごいが、小手島中学校の応援団は少なかった。しかしだんだん小島でありながら奮闘する小手島中学校の心意気を見て、観客席から小手島を応援する声援も出てくる。映画の中で、小さな声で「頑張れ頑張れ小手島」の観客のつぶやきも吹き込まれており、皆が声には出さなくても心情的に周りが応援する雰囲気が高まっていることを映し出している。それは小さい島でありながらも健闘している姿に敬意を表している観客の心情を表している。

最後に小手島は逆転して決勝戦でも勝利する。そして若い先生は「やった」とつぶやき、涙ぐみながら、生徒に向かって「ありがとう」と感謝の気持ちを述べている。それは期待をかけたことに応えてくれた生徒達との信頼関係への感謝の言葉である。子ども達は期待をすれば、きっと期待に応えてくれるという情熱が移った結果である。

優勝後の帰りの船では、子ども達も皆ぐったり漁船の中で寝てしまっている。そこに、校長から優勝の連絡を受けた島の住民達が、大漁旗をかかげ三隻の漁船団に乗り、〝笛や太鼓〟を鳴らしながら、迎えに来る。漁船団はぐるぐる回りながら、歓声を上げながら、大人達も子ども達に喜びを伝えていく。そして子ども達も口々に大声で「勝ったぞー」「勝ったぞー」と親達や地域の人に叫んでいる。その叫びは、前年度の塩飽地区大会の雰囲気とは対照的に、子ども達の自信と勇気の現れであるかのようだ。優勝前年度の塩飽地区運動会に向かう最初の船の中では、他船の勢いに圧倒されて力のない声で押し黙っていた雰囲気が映し出されていた。

優勝を目の当たりにして、最後に島の大人達は、子ども達や学校のあり方に理解を示すようになり、子ども達のためにバクチもやらなくなる。映画の最初のシーンに出てきた島の人達の温かい雰囲気は、子ども達の優勝を見て変わってきたものである。

若い先生夫婦が転勤で島を去る時には、大漁旗をまとった漁船団を組んで〝笛や太鼓〟で見送っている。島全体が別れを惜しむラストシーンが、学校に対する島の温かさを物語っている。

この映画は、小さい島の子ども達と先生と住民の全員の奮闘の物語であり、島の逆境にも負けない勇気と気概を描いたものである。最後の香川県教育長の特別表彰の表彰状には、「海上へき遠の地に位置し教育上諸般の制約を受けているにもかかわらず」という言葉が紹介されている。逆境を超えた気概を描くことによって、たくましい精神を持たせる教育の大事さを描いた教育映画である。その挑戦的な気概をもたらした所以は、「一つ勝つ」ことによる自信と勇気である。その挑戦的な気概は、生徒達の卒業後も続いていくことになる。

逆境を超えた気概は、それにより地域格差や教育格差をはねのけ、誰もが頑張って成長し、実績を作ることができるという、社会的公正や教育機会均等の理念を実現させる当時の地域住民や教師達の気概を表しているかのようである。それは、庶民の生活と成長に寄り添い、庶民や地域のためになる映画しか作らないと言っている木下監督の制作態度と信念が貫かれているようだ。

映画を見ることができる主なインターネット配信元

●Amazon プライムビデオ

●Apple TV

●Filmarks フィルマークス　など

2　映画化に至るまでの略年表と塩飽諸島の地図

映画化に至るまでの略年表

年　月	小手島中学校及び新卒教師の動向	当時の小手島と生徒の状況	備　考
一九五八年4月	新卒教師・玉井正明小手島中学校に着任	島には道路がなく、人手で荷物を運搬	四月二日に妻サチエと結婚、二日後に島に単身赴任
一九五八年4月	小手島中学生丸亀城に遠足	生徒は弁当を持参できず街にも出なかった	
一九五八年5月	基礎学力を高めるために夜八時～一〇時に夜間補講授業開始	生徒の自信を高めるため、バレーボール部活動を開始	家庭訪問をしながら、保護者の了解を頂く
一九五八年5月	バレーボール女子塩飽地区大会一回戦敗退	小学生一名補充して出場	事前に小学生を補充することを県に陳情
一九五九年5月	卓球塩飽地区大会	男子六名のうち団体戦四名が初戦突破	

一九五九年5月	バレーボール女子塩飽地区大会優勝（女子九名、補欠無し）	塩飽地区大会優勝で中讃地区大会進出	
一九五九年7月	バレーボール女子中讃地区大会優勝（於：綾歌町久万玉中学校）	女子九名地区大会優勝で県大会進出	
一九五九年7月	香川県中学校バレーボール大会出場に向けて準備	卒業生の旧分校時代の古いユニフォームを再活用	靴も保護者に買って頂いた
一九五九年8月	香川県中学校バレーボール大会当日、漁船に分乗して出港	生徒の乗る漁船が一時浅瀬の海難所で座礁	乗組員操船技術の高さで脱出し坂出港に到着
一九五九年8月	香川県中学校バレーボール大会女子優勝	女子九名県大会参加・優勝	三〇人の地域大応援団が坂出市「番の州」会場に参加
一九五九年8月下旬	玉井正明が優勝を記念して桜を植樹	夏期休業中の当直を利用して、生徒と植樹作業	
一九五九年8月下旬	木下恵介監督が初来島（義弟楠田浩之氏同行）	電話を受けた家の生徒が学校まで呼びに来る	桜植樹作業中の来島
一九五九年9月中旬	木下恵介監督小手島来島・玉井正明と懇談		山田助監督同行・大会等の写真提供
一九五九年10・11月	木下恵介監督と玉井正明が丸亀市市街地で懇談		丸亀市通町（地名）飲食店にて監督と懇談
一九六〇年3月	優勝生徒のうち女子二名が島で初めて高校進学（公立・私立）	女子の残り七名は就職、九名全員が島外へ	男子は卒業後動力船・近代漁業に切り替え

一九六〇年4月	玉井正明小手島中学校から満濃中学校に転勤	離任時、島中の人が波止場を埋めて見送ってくれた	いつまでも手を振ってくれていた
一九六六年11月2日	木下恵介監督が、玉井正明に審判としての映画出演を依頼		勤務校の職務も忙しい時期のため、出演は辞退
一九六六年11月	松竹「なつかしき笛や太鼓」撮影開始		勤務校の職務も忙しい時期のため、出演は辞退
一九六七年3月	東宝「なつかしき笛や太鼓」撮影再開		いったん松竹が撮影を中断映画を東宝が受け継ぐ
一九六七年9月30日	「なつかしき笛や太鼓」公開		

香川県塩飽諸島の地図

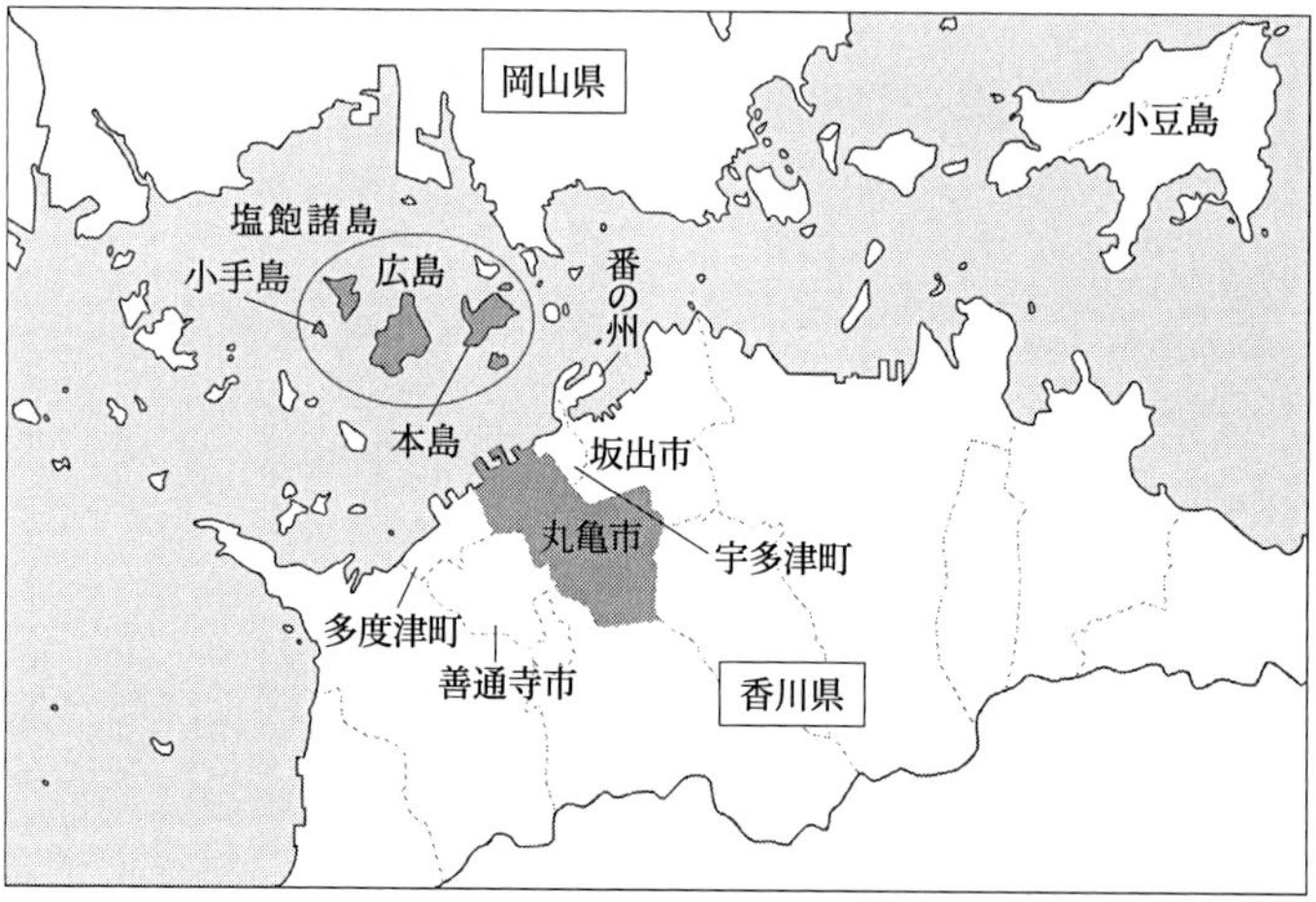

第二章　全校生による県大会優勝までの経過と生徒達の情熱

1　香川県大会の優勝と栄光の帰島

1　小手島中学校の香川県大会優勝

小手島中学校は、一九五九（昭和三四）年八月七日、香川県坂出市内の坂出商業高校野外コートで行われた、香川県中学校バレーボール大会（女子）で優勝した。

映画解説　実際の大会は、女子チームの優勝であるが、映画では、男女混合チームで男子の部に参加していることになっている。当時は、人数が足らずに、しばしば男女混合チームや小学生を入れたチームなども編成しなければならなかった。

2　夕日に映えた黄金色の海の花道

優勝旗・優勝カップを持った生徒（選手）を乗せた舟（漁船）を先頭に、坂出港を出航したのは、香川県大会試合後の午後六時、小手島住民の応援団が二隻に分乗して続き、三隻が縦一列で西北西の小手島を目指した。島々の稜線上の夕日が波頭を黄金色に染め、きらめく海面は、あたかも小手島中学校の優勝を祝福した豪華な「海の花道」のようであった。

3　優勝後の島民達の歓喜の爆走

いくつか島々を通過、本航路を横切り、小手島を遠望できるようになると、三隻の船は突然、横一列になり、お互いに速力を競って島を目指した。

小手島に近づくと、船の全員が総立ちとな

香川県大会で優勝した小手島中学校チームと監督の玉井正明（1959年）

り、夕日がまるでスポットライトを当てたように島の斜面で農作業をする人達を照らし、その人達に、タオルを持った手を左右に大きく振って、「勝ったぞう」「勝ったぞう」と連呼した。三隻の船は、全速力で周囲四キロの島を三周した。喫水線は島側に大きく傾き、波のしずくが容赦なく降り注いだ。

　小さな船がなぎ倒されると犠牲者も考えられるだけに、声を大にしてしゃがむように指示し、手でも着座のサインを送ったが、三船とも異常な興奮と高いエンジンの音にかき消され徹底できなかった。

　小手島の浜辺（島には港がない）に到着し、前例のない小規模校の優勝（金星《きんぼし》）を挙げた生徒の健闘をねぎらい、そして畑仕事を休んで応援をされた島の方々にお礼を述べた頃には、

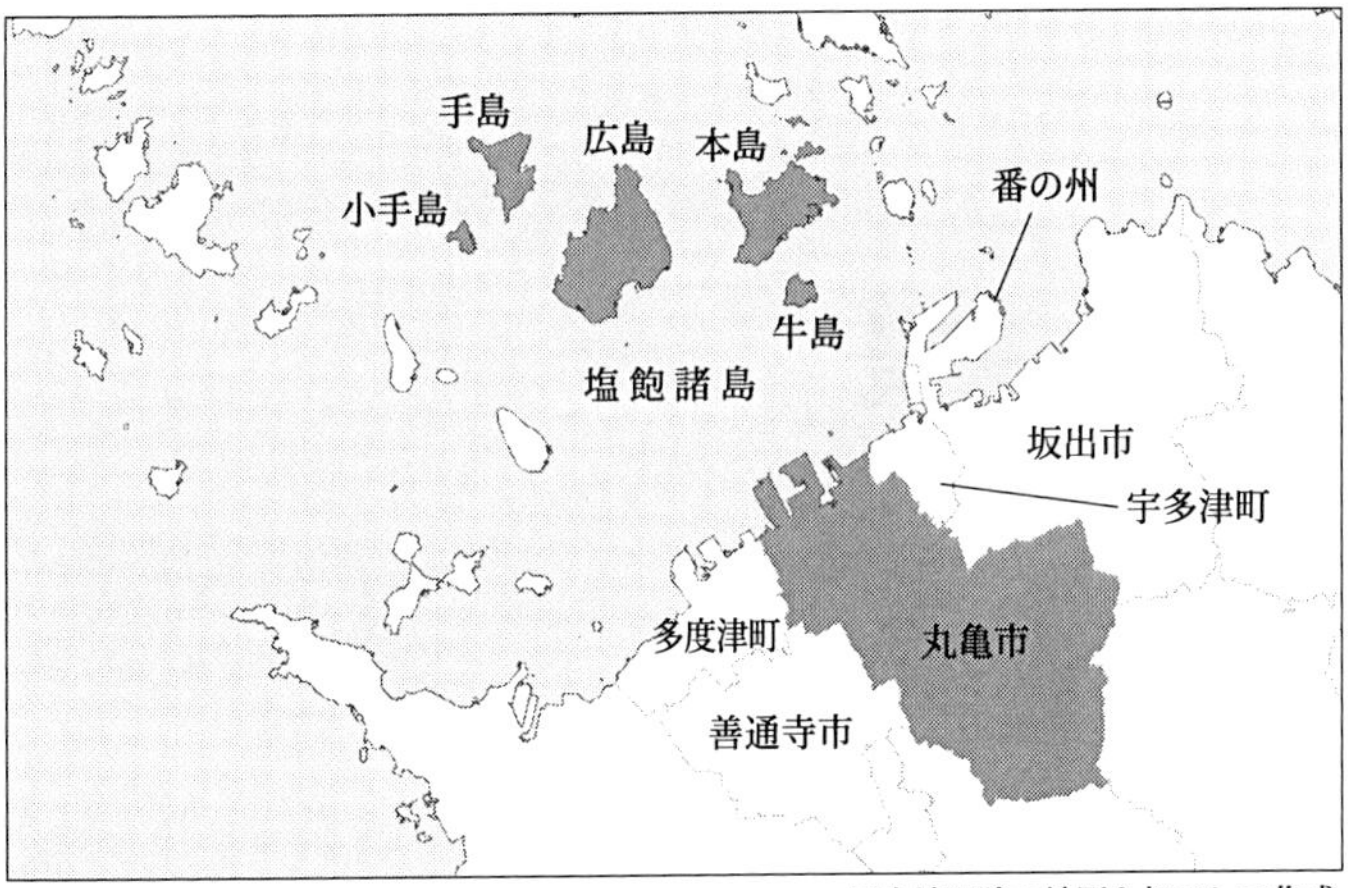

国土地理院の地図を加工して作成

塩飽諸島と小手島

すっかり日は落ちていた。懐中電灯で足元を照らし、疲れた体に鞭打って学校に到着した時には、すでに西の空に金星《きんせい》*が輝いていて、まるで「優勝」を祝福しているようだった。

*金星（きんせい）
太陽と月を除くと満天で一番明るい天体。地球より太陽に近く、太陽より四八度以上に離れないので真夜中の空に見ることなく、日没後、西の空（宵の明星）か、日の出前の東の空（明けの明星）に見られる。「豊穣の神」（バビロニア）、「美の女神」（ギリシア）など古代から現代まで世界の各地で崇拝されている。日本の観測衛星「あかつき」が金星を周遊して観測をしている。

2 植樹した優勝記念桜が伝える学校の歴史

1 優勝記念桜の発注

一九五九年八月下旬、県大会の優勝を記念し、私玉井は夏期休業中の当直を利用して桜の植樹を行った。造園業者に一〇本の苗木を発注した。私費購入であることが十分に伝わっていなかったこともあり、根元の太い約二メートルの大きな苗木が港に届けられ、請求された金額（一か月分の給料）に驚いたが自己決定に迷いはなかった。

2　校庭横の急斜面の穴掘りに苦闘

桜植樹の穴掘りにも苦労した。本数が多いことから、植樹によって、狭い校庭がこれ以上、狭くならないように配慮し校庭の柵外を選んだ。水のない小手島の状況と海から吹き上げる強風を考え、三〇センチの深さが必要と判断し作業に取り掛かった。しかし、急斜面で足場がなく、花崗岩の風化した固い土のため、作業は難航し丸二日を要した。

3　ちょうど桜植樹中に来られた木下恵介監督の初来島

木下恵介監督が映画の製作を考え、その取材のため小手島に最初に来られたのは、この穴掘り二日目のほぼ完了手前であり、そこで記念植樹の趣旨を説明した。木下監督からは、出身地静岡県浜松市の「舘山寺桜」の話を聞かせて頂いた。

4　植樹後の毎年の桜の手入れのために学校訪問

植樹後も枯死しないように心配りをし、毎日、一〇〇メートル下の井戸から水を運んだが、急坂の運搬は結構、きつい作業であった。一九六〇年に島を離れて以後一〇年間は、毎年、年度末の休業日に島を訪れて下草を取り除き、根元に土かけをしてきた。

県大会優勝を記念して玉井が私費で小手島中学校校舎に植えた10本の桜
(植樹：1959年)(撮影：(上)2015年4月・(下)2022年3月30日)

5　愛する卒業生が亡くなり桜だけが知っている

一九五九年の植樹以来、六十数年余の時が流れた。手塩にかけ、毎年春に訪れて再会を喜び、満開の花を愛《め》でてきた。樹高も枝の張りも三〇メートルの大樹となっている。

当時、小手島の突堤に船員の協力で船から下ろした桜の木を、どのようにして学校まで運び入れるか、しばし呆然として立ち尽くした。道もない、運搬車もない状況で、根元に大きな土の塊のついた苗木を、海抜六五メートル、急坂五〇〇メートルを運ばなければならなかった。

それを見た男子生徒が仲間を三人呼び寄せ、私を含めて五人で二往復をして運び入れた。苗木の運び込みに力を貸してくれた四人の生徒も、二〇一一（平成二三）年に六七歳で死去した卒業生を最後に、「誰が、何のために植えた桜なのか」を直接知る人はいなくなった。

離任後、一〇年間、桜の下草刈りのため島を訪れていた時は、「桜を植えた先生」「優勝をした時の監督さん」と下船をした私の姿を見て、たちまち島中に伝えられ、釣ってきたばかりの魚や摘み取ったエンドウ豆をお土産として頂いた。日頃静かな浜辺には、誰が伝えたのか突如、二十数人が集まり、船が港外に出るまで手を振り名残を惜しんでくれた。

今も桜の季節に訪れ、満開の桜と再会し、赴任時、下宿先として、見ず知らずの一教員に屋根裏の物置を貸して頂いたお宅への挨拶や苗木を運び入れた卒業生の墓参を行っている。今は、毎年のように島を訪れても、どこの誰なのか知っている人はいない。当時を知っているのは、桜だけである。

3 なぜ、県大会優勝の再制覇が難しいのか

1 県大会優勝の再制覇の困難性

小手島中学校の県大会優勝は、オリンピックや全日本選手権に対して、比べ様のないほどの一地域の小さな出来事である。しかし、これまでもそうであるがこれからも再度の制覇は難しいかもしれない。それはなぜか。

小手島中学校の県大会再制覇が難しい理由は、まず過疎地の離島では九人のチーム編成は難しい。一九五〇年代にも特例として男女混成で出場したこともある。

また大規模校との圧倒的な条件格差・環境格差である。離島・少子化・過疎化の進行と、県内一の小規模校という環境のギャップである。

当時は小規模校の全校生で、バレーボールに有利ではない小柄な生徒全員で臨んだ。体育館がなく、ボール数も少ない劣悪な練習環境の中でも、何としても生徒の劣等感・極度の萎縮・消極性を取り除き、自主的・主体的・行動的な生徒を育てることを目的とした教育者達の不撓不屈の執念が奇跡を生んだ。小手島中学校のたった一度の県大会の優勝は、いわば広大な瀬戸内海国立

公園の片隅に咲いた一輪の小さな花だが、歴史に残る大きな花である。

2　戦力格差の分析

(1)　当時の小柄な中学校選手

バレーボールの醍醐味は、高身長の選手がジャンプ力を生かした高い位置から相手コートに突き刺すようなスパイクを打ち込み得点を重ねることである。これとは対照的な小柄な選手構成が小手島の選手達である。

過酷な環境とバランスの取れた栄養摂取ができなかったこともあって、身長は一二五〜一四五センチの小柄で、対戦校との身長差は二〇センチである。高身長の選手が求められるバレーボールにおいて、ネット上に十分に手が出ないので、相手へのスパイクも、防御としてのブロックも行いにくい。

戦力格差（昭和34年）

	小手島中学校	中讃地区・県大会代表校
生徒数	小規模校（15名:男6・女9）	大規模校（1500〜2500名）
選手の編成	全校生（女子生徒9名全員） 補欠なし	多くの部員の中から選抜された選手
適性	球技の経験無	高い運動能力（得意）
身体能力	小柄（身長125〜145cm）	高身長（155〜165cm）
練習施設	運動場（炎天下・水たまり・崖下ボール拾いに苦労）	体育館で効率よい練習
ボール数	5個（既存1個、伊東歯科院長寄付2個、玉井寄付2個）	50個以上
戦法	守り中心（スパイクできない）	鋭い攻撃力（スパイク）

映画解説 映画では、丸亀市立西中学校・東中学校のバレーボール部の生徒が出演しているので、身長差は見えないが、実際には当時の中学生の体格差は大きかった。

(2) 小規模校の全校生による出場と選手の団結

運動機能の優れた「選手」ではなく、補欠なしの「全校生」の県大会出場は、当時では異例で、その「優勝」は前例がない。

小手島中学校が島々の塩飽地区大会、香川県中部の中讃地区ブロック大会の予選を経て県大会に出場した一九五九(昭和三四)年では、小手島中学校の全校生は一五人(男子六・女子九)で香川県内では最も小さな学校である。一方、対戦校は各校とも、戦後の好景気を背景に人口

細い腕と足の小さな小手島の選手と決勝戦で対戦した相手校の体格
(向こう側が小手島中学)

急増した、一〇〇〇名を超えるマンモス校*である。

そんなハンディもある中でも優勝できたのは、生活を共にする島の子ども達の団結力、そして島全体を挙げた子ども達への期待の大きさだと思う。

＊マンモス校の例
小手島中学校が中讃地区大会（香川県中部讃岐地域）で対戦した一九五九年度の丸亀市内のM校は一学級五七人の一一学級で三学年の総数は一八八一人。小手島中学校の一二五倍強である。

(3) 劣悪な練習環境とより良い環境としての試合環境

当時の小手島には体育館がなく、体育館の有無は、効率的な練習に著しく影響する。

・雨天は練習できないし、雨上がりに砂を撒いて補修をしても衣服もボールもたちまち泥まみれで、水の少ない小手島では洗濯は容易ではない。

・炎天下の練習は想像を絶するものがある。靴の買えない小手島では生徒は裸足、水道のない学校では熱中症の危険が常につきまとう。

・海抜六五メートルの高所にある学校では、冬季に海から吹き上げる風に悩まされる。砂埃が舞い捕球が正常にできない上に、風に飛ばされて崖に落ちたボール拾いに無駄な労力が費やされる。

当時の練習の施設・用具も貧弱であった。

・ボール表面の革がもげて泥に染まったボールが一個
・ネット代わりに廃棄された漁網をネットに活用
・凹凸の酷《ひど》い荒れたコート

劣悪な練習環境では、満足な練習はできず、ましてや対外試合どころではなかった。一九五九（昭和三四）年の県大会優勝は、とても想定できない逆境の中での地道な練習によってもたらされた。ある意味では、逆境の練習環境で練習したため、試合の環境ではより良い環境として思いっきり走り回って闘えたのかもしれない。

4 優勝した「小手島」は、どのような歴史を有する島なのか

1 小手島の開拓の歴史

（1） 小手島のある塩飽諸島の歴史

塩飽諸島は、香川県の海流の速い備讃瀬戸にある島々二八島で構成し、一六世紀頃には住民は操舵に長けた水軍として活躍したこともある。塩飽諸島は、香川県と岡山県に挟まれた狭く浅い海域にあり、潮流が極めて速くなる。江戸時代には島に一種の自治権も与えられ、島の住民は、公儀の海上輸送業務も担ったりしていた。幕末に太平洋を横断した「咸臨丸」の水夫五〇名のう

ち三五名を塩飽島民が占め、操船技術が高く荒波にも強い塩飽島民の姿が証明されている。明治以降から戦後に至っては、島の産業は漁業が主産業となった。

(2) 小手島の歴史

小手島は、隣の手島の小島であり、離島の中でも小さい島である。かつて「人名*」支配地で、放牧場として開拓された。

*人名とは

大名（一万石以上）、小名（一万石以下）に対しての第三の領主。塩飽諸島の船方、六五〇人の名主《みょうしゅ》を略した名称。

豊臣秀吉（一五三六～一五九八）の朝鮮出兵（文禄・慶長の役）では、船三二隻と水主六五〇人が出動して水先案内や兵員、食糧の輸送に従事した。こうした働きに対して、一五九〇年に秀吉は船方六五〇人に一二五〇石を与えて自治領とし、六五〇人を人名と命名した。塩飽諸島本島に勤番所を設置。四人の年寄が交代で勤務し、塩飽全島の政務を行った。人名制度は江戸末期まで存続した。

・明治時代～岡山県笠岡諸島の北木島、真鍋島より入植

一八九〇（明治二三）年：広島村と手島村（小手島を含む）が合併し、広島村となる。村予算が少なく小手島には回らず、インフラ（電気・水道・道路・港湾設備等）が極度に遅れた。

・大正時代～：小手島に手島小学校の分教場を設置

・昭和時代～一九五八（昭和三三）年：広島村が丸亀市と合併。「丸亀市広島町小手島」となる。

2　小手島の地理的位置と状況

（1）離島・小島の位置

塩飽諸島の小手島は、香川県丸亀港より北西に一五キロで、近くに岡山県笠岡諸島があり、県境の島である。小手島は香川県内で人が住む二四島中、二〇番目に小さい小島である。

（2）へき地教育振興法によるインフラ整備

へき地教育振興法（一九五九年）では、『へき地学校』とは、交通条件及び自然的、経済的、文化的諸条件に恵まれない山間地、離島その他の地域に所在する公立の小学校、中学校……」と定義されている。

小手島の規模

・面積　0.53 km²、周囲　3.8 km
・県内有人島 24 島中 20 番目に小さい小島
・丸亀市広島町の 3 島の面積比較

小手島　(0.53) km²	手島　(3.4) km²	広島　(11.66) km²

丸亀市広島と小手島との比較

小手島は手島の 7 分の 1、広島の 22 分の 1

インフラの比較

	1959 年の小手島の状況	2023 年の小手島の状況
1 港湾設備	防波堤板渡し（転落危険性）	港湾設備・桟橋・フェリー着船
2 道	畦（あぜ）道（車がない）	舗装道路（島内外移動自由）
3 移動・運搬	人の足・手と肩	自動車
4 定期船	1 日おきに朝夕 1 便	客船・フェリー毎日寄港
5 電気	自家発電（18 ～ 23 時）	終日点灯
6 水道	なし	水道完備
7 電話	島に 1 台（学校無し）	全戸・携帯電話も可

乗降に使用された幅の狭い板の橋
（転落すると重症になる可能性がある）

現在の小手島港の桟橋

遅れながらもへき地校においてもインフラは徐々に整備されてきている。優勝した一九五九（昭和三四）年には格段の開きが見られたが、現在は大きく発展している。

① 当時栈橋がなかった

栈橋は船の安全な乗降に欠かせない。小手島では、船の舳先《へさき》と島の突堤に板橋（幅四〇センチ、長さ五メートル）を架けて乗降する。重い荷物を抱えて足元がふらつくと二メートル下に転落し、突堤を補強する岩盤に落ちると重傷になる危険性がある。

映画解説 映画の中でも、船と突堤を結ぶ板橋を教師が渡るシーンが描かれている。

② 当時畦道しか道がなかった

道は人々の往来と生活に欠かせないものとして整備されてきたが、一九五八年当時の小手島には畦道《あぜみち》しかなかった。赴任時の荷物は、汗びっしょりで数回に分割して運び入れた。

自給自足の小手島では、家族の一年間の食糧（芋・えんどう豆等）の生産と土地の確保が生きるために必要である。そのため港から学校までの急こう配の細道や、学校から井戸までの道以外はすべて自他の畑の境界を示す畦道となっている。生徒の通学も誰か持ち主のある「畦道」通学である。小手島では、移動に必要な自動車・自転車、運搬用手押し車など、「車」と名の付くものが一切なく、移動と運搬はすべて人の手・肩にかかっている。

現在の小手島小中学校の先生方は、自宅で布団、炊事器具等を車に積み込み、フェリーに乗船

35 年前には自転車も通らなかった道も自動車の通る広い道となった

下宿から米を洗いに通った小手島の井戸

し、教員住宅まで一度も積み替えることなく運び入れることができる。また各家から自動車をフェリーに乗せて、市街地で買い物もできるようになった。

③　当時時間限定の自家発電電気であった

島の自家発電は、一八時から二三時までの五時間の時間限定の供給で一家に一灯、何とか活字が読める程度の明るさであった。

④　当時水道がなかった

元々瀬戸内地域は、降水量が少ない地域で、生命の維持に必要な水が自由に、十分に確保できなかった。水田はなく、全島開墾された畑も雨が頼りになっている。衛生的にも水を最も必要とする学校も、生徒は汚れた手足のままで一日を過ごし、水拭きのない清掃が常態となっていた。

家庭では、風呂と炊事用の大量の水を谷の共同の井戸から、何十回と坂道を往復する過酷な水運びが子どもの日課となっていた。一度、入れた風呂の水は、数日間連続して使用することが多い。

⑤　自給自足を中心とした島の経済

一九五〇年代は、島では高度の経済活動、商品経済はまだ進展しておらず、自給自足・半農半漁で生計を立てることが中心で、全島くまなく開墾して、家族の年間の食糧確保に必死に取り組んでいた。漁業はエンジン付きの三隻を除くと、すべて平舟・櫓漕ぎ、一本釣り・沖売りのため収入が限られていた。

　島の発展性を遮る交通・物流・情報の遮断の原因は、定期船が一日おきの着船のため日帰りができず、商品・食料品の購入、生産物の出荷、文化芸術鑑賞などが一切できないことであった。

開墾されたつくした島肌（1958 年）

開墾で裸の島となった小手島（島が茶色に見える）

3　当時の学校教育の状況

（1）香川県内の四級へき地校

小手島中学校は、当時香川県東部の小豊島《おでしま》とともに「へき地教育振興法」による香川県最高度の四級へき地校である。

西讃岐	東讃岐
小手島《おてしま》（へき地4級）親島は、手島	小豊島《おでしま》（へき地4級）親島は豊島

（2）当時の貧弱な島の教育環境

	教育施設	一九五八年・一九五九年当時	現在
1	校舎	木造平屋（小学校三教室・中学校一教室）	鉄筋二階建て
2	体育館	なし（炎天下・寒冷期・雨天時に支障）	鉄筋体育館
3	教具	黒板とチョークのみの授業　掛地図・顕微鏡・ピアノ等はない	標準教具一式

1958 年の木造校舎（右が小学校。左が中学校）

1978 年建設の鉄筋 2 階建て校舎

(3) 小手島小中学校の教員配置

着任時の教員は、小中兼務の校長・教頭と小学校教諭三人、中学校教諭一人（私玉井）であった。*

*赴任時の指示
着任して永年勤務の教頭から指示があった。
・「貴方には、教員宿舎がないので、下宿先を自分で探して下さい」
・「中学校教員はあなた一人なので、全学年全科目の授業をして下さい」
決意して着任したが、とても勤めを果たせないのではないかと途方に暮れた。

(4) 中学校の授業方式～複々式授業

当時は一人の教員（私玉井）が一年・二年・三年の全学年の全科目を受け持つ複々式授業*であった。一時間当たりの授業では、一つの教室に全学年が同時に授業を受け、一日六時間、三学年分一八冊の教科書が使用される。中学校では、私は社会科以外は免許外担当であるが、毎日苦悶しつつ、一日中、一年間を担当し、全力で全うした。

*複々式授業方式とは
・教員数が少ないへき地・小規模校では、一人の教師が複数学年を担当する。当時は、二学年の複式を超えて、三学年の複々式もあった。

（5）　教員宿舎なき住環境の教員生活

・教員宿舎は、校長と私玉井はなかった。そのため次のような生活となる。
・校長⇓宿舎がないので、定期船のある日のみ出勤。天候不順の時は出勤できないので、一週間に一度も出勤できないこともある。
・私玉井⇓民家と交渉して屋根裏部屋を探した。

（6）　屋根裏部屋のはしごの生活

貸して頂いたのは、学校より一〇〇メートル下方の半農半漁の民家の屋根裏で、小手島では、島外の人に部屋を貸せる余裕のある家はなかった。何とか貸して頂いたのは屋根裏で、天井まで高いところで一・五メートル、常に中腰の生活である。布団と机代わりの木箱を置くスペースだけで、窓がないので昼間

屋根裏を借りていた下宿先の民家
（島を離れて半世紀余、今もそのご恩は忘れていない）

も薄暗く、ローソクの明かりが必要だった。屋根裏にははしごで上がる。片手で書籍・荷物を持ち片手で上がるために、時にはバランスを崩して、抱えている荷物を落下させ、壊すこともある。

(7) ムカデの恐怖

物置の片隅でムカデが異常に繁殖し、朝、折りたたんだ布団の下に、長さ一〇センチ余の成長したムカデを見ることはほぼ日常だった。時には複数匹いることも、布団の中に入り込むこともある。刺されたら無医地区なので日々、戦々恐々としていた。

(8) 食糧不足と飢えに怯《おび》える生活

小手島には商店がないので自炊は不可欠である。しかし、物置で火事でも起こしたら、大惨事になるので、土曜日の夕方に丸亀市内に帰宅し日曜日に帰島する時、自宅から持ち込んだ弁当・乾物を一週間の間に小分けして食べ、飢えを凌ぐ。昼は欠食、週末には食べ物はなくなり、生水で飢えを凌いだ。

当時頬《ほほ》は落ち、肋骨《ろっこつ》（あばら骨）が突出し、目はおぼろで、飢えに怯える日々が続いていた。

4 夜間授業（二〇〜二二時）による基礎学力向上策と生徒のできる喜び

(1) 夜間授業実施の決意と生徒の意欲の変化

夜間授業は、基礎学力（読・書・算）の向上と劣等感の改善策のために実施するものであった。

複々式授業では、教科書の進度はほとんどはかどらないし、授業の中で学力を向上させることは難しい。

また、「生きる力」（基礎学力、コミュニケーション・礼儀作法などの社会性・社会的行動力）を身につける条件が少ないため、就職など、これからの島外における社会生活が困難視される現状を、もはや見て見ぬふりはできないと判断した。そのため、島では前例のなかった夜間授業に踏みきった。

そんな厳しい夜間授業でも生徒達が向上しようという意欲を見せた。生徒は、教えられながら時間をかけるとできるようになり、大変さも喜びに変わっていった。

（2）　夜間授業後の深夜の教材研究

夜間授業の生徒を夜二二時に帰宅させ、後始末をして下宿に帰ると、まもなく自家発電が停止され、島中が暗闇に包まれる。そこからの深夜（二三時～午前三時）に、机代わりの木箱の両端にローソクを立て、翌日に使用する一八冊（三学年×一日六時間分）の教材研究を行う。慣れない免許外教科の準備を行うため、毎日の睡眠時間は三時間となった。

毎日の食事に事欠き、一人で全日授業、放課後クラブ活動指導、夜間授業、深夜の教材研究、朝のクラブ活動指導など、人知れず想像を絶する過酷な日々が続いたが、無我夢中で準備を進めていた。

5　父・琴一の仕事から学ぶ小手島の教育

今思うと私は少年期に、コンクリート製の石碑を作る父・琴一の仕事場で、研磨（三種類の砥石を使って磨く）作業などを手伝い、父の制作に懸ける強靭な精神力と強い責任感や段取りを学んだ。

（1）全力で取り組む背景と教育の姿勢

父・琴一の仕事（石碑の制作）から学んだこと
①制作依頼者は最初にして最後（一期一会）、出会いを大切にして誠意を尽くす。 ②一つ一つの作業に心を込めて丁寧に取り組む。特に見えない箇所（内部）の作業に丹精を尽くす。 ③利益より信用第一（利他主義）で、見えない箇所でも一切の手抜きはしない。

←

私の小手島教育（専任教員一人）
①生徒との出会いを大切にし（一期一会）、一人一人の人格を尊重し、愛情をかけて丁寧な指導を心がける。 ②生徒との対話、助言、示唆を重視（叱らない教育の実践） ③見えないところの教育の実践（相談・カウンセリング重視、夜間教育の実施）。教育は献身的活動で自己顕示パフォーマンスでは育めない。

（2）細かい工程を重視、誠心誠意取り組む（奉仕・自己犠牲）

父は石碑を制作する際に、細かい目に見えないところにも最新の注意を払っていた。父が制作した乃《の》木《ぎ》希典《まれすけ》の石碑は、激震の一九四六年昭和南海地震でも、倒壊しなかった。それらは見えない部分の工程に細心の注意を払った結果である。

父・玉井琴一制作の高さ６メートルの乃木希典の石碑
（1935年制作、善通寺市金倉寺境内）
左人物は、故・玉井正明

6　小手島中学校にもある二宮尊徳の「積小為大」の言行に学ぶこと

二宮尊徳（一七八七〜一八五六）は、幼くして父母を失い、手伝いのかたわら苦学し、江戸時代後期に相次いだ飢饉・災害で荒れた農村の復興に努めた。薪を背負って歩きながら、本を読む銅像が全国の小学校や神社に建立された。当時、わが国では、自主的に奉公する国民の育成を勧める政策をとっていて、勤勉・倹約の精神を教育のモデルとする目的で建立が推進された。

・「積小為大《せきしょういだい》」（小を積んで大と為す＝大事を成さんとする者は、まず小事を務むべし、その小を積めば大となる。小さいことを疎かにしてはならない。）＝「塵も積もれば山となる」

・「報徳」（一人一人が節約を心がけ、人のために精一杯、働けば巡りめぐって皆が豊かになる。）

私は建材を山積みした父の荷車を後方から押して往復し、小学校の校庭で、尊徳像台座制作の仕事を手伝った。

終日の作業で学んだことは、「小事を疎かにしないこと」、外から見えない「内部の補強に力を注ぐこと」、数百年後も読み取れるように、「深く、丁寧に一字一字を刻むこと」である。このことは、強靭な精神力・集中力と忍耐力を培うことの大事さを学ぶことになった。

1959 年の小手島小中学校　校舎と二宮尊徳像

現在の小手島中学校の二宮尊徳幼少の像（1995 年）
（薪を背負って歩きながら本を読むブロンズ像）

7　石碑制作から応用した小手島の教育の具体的な取組

どんな職業もそうであるが、父の職業の後ろ姿から学ぶことも多く、その姿を自分の現在の職業に照らし合わせて考えると、実は無意識に生き方・考え方で活かされたことも多いと考えられる。私も父の石碑制作から学んだことは、教育に手抜きは許されない。目的意識と手順を考えて誠実に取り組むという姿勢である。

	父の石碑制作の理念	小手島の教育で心がけた理念
目標	石碑制作を立派に仕上げ、後世に残るものを作る。	≪立派な子どもの育成と後に残る教育への貢献≫ ○子どもをしっかりと育み、教師が島を離れた後も自立できる存在を目指す。
構想	一つ一つの部分と、全体の強度を考えて構想する。	≪一人一人と全員を育てる≫ ○一人一人が一歩踏み出す力と自信（塩飽地区大会で一つ勝つ）を育て、全員が育ち合う力を高める。 ○夜間授業による自信が自ら学ぶ学習力につながる。
問題点の考察	地震倒壊、ひび割れを防ぐ。（見えない内部の作業を重視）	≪劣等感の改善と「生きる力」の向上≫ ○困難・障害に出くわしてもくじけない力を育てる。将来の社会人としての資質の基礎を育成する。

手順	きめ細やかな仕上げと方法を採用する。	≪最後は一人一人のきめ細かい指導≫ ○生徒一五名全員の、一人一人の人格に合った丁寧な個別指導を実施する。 ○書き取り・四則計算はスモールステップ方式で実施。全員が大きな花マルに喜び、意欲的に取り組む。欠席ゼロ。
解決のための具体化	信用を重視する。（外見で見えない内部の箇所に力を入れる）	≪育成のための具体的手順≫ ○夜間授業により基礎学力を向上させる。 ↓保護者と同僚教員以外は誰も知らない夜間授業の実践。 ○忍耐力・持続力を鍛える部活動で毎日練習し、次年度の塩飽地区大会で「一つ勝つ」という信念を持つ。 ○家庭訪問で保護者に説明し、部活動の了解を求める。 （家事手伝いとの両立）

5　克服するという教育信念で、なぜ負けたバレーボールをあえて始めたか

1　遠足にはならなかった遠足から考え直したこと

赴任後最初の遠足は、年に一度だけの楽しい遠足を想定していた。一九五八年四月中旬、定期船を特別に寄港して頂き、日帰りで丸亀城への遠足を実施した。久しぶりに島外に出ることであり、時計を持たない生徒達が、はしゃぎ過ぎて、最終の乗船に間に合わないのではないかと懸念

した。しかし、それは杞憂であったし、むしろ衝撃的な事態に遭遇した。全員が終日、解散・集合の場所から動かないのである。生徒達は丸亀城内の散策にも興味がなく、遊び方や買い物の仕方もよくわからないと言う。社会勉強のため市街地の散歩を勧めても、出帆時間まで丸亀城内の集合場所に留まっている。遠足につきものの弁当の持参者がいないことの衝撃も大きかった。

(1) なぜ、一か所から動かなかったのか

・これまで島外の人と対面会話の経験がなかった。
・島内に日用品を売る店がないので、買い物の経験がなかった。
・小遣いをもらったことも、使った経験もなかった。

(2) なぜ楽しい遠足につきものの弁当の持参者がいなかったのか

弁当を持参できなかったのは、島の人達の日常の往来に必要な道を削ってまで、一年間の食糧の確保が切実な課題であること（自給自足）、平地と水がない島では米作りができないこと、定期船が毎日寄港しない小手島では、日帰りで米などの食料品を買いに行けないことにある。

(3) 遠足で見た生徒の実態を克服できるという信念

当時の生徒達は、消極性・無気力・非社会性（礼儀作法・コミュニケーション能力）が見られ、基礎学力（語彙・四則計算）が遅れがちであった。これは生徒達の生活環境や教育環境が劣悪であったことによる。すなわち、これまでに閉鎖的な狭い空間で過ごしてきたことや、三学年全校生が一括して授業を受ける複々式授業を行わざるを得なかったことによる。理解を高めるための教具・資料もなく、黒板とチョークだけの学習環境と生活体験・社会体験の欠如がもたらしたものである。

島の生徒達は、劣悪な環境と置き去りにされた教育環境の犠牲者であると感じたが、教育活動によって環境を変えていけば克服できると感じた。教育環境の課題は教育活動の中で克服しなければならないと思った。

2　劣等感を克服したいと願っていた当時の生徒達

塩飽地区大会は、香川県塩飽諸島地区の中学校体育大会で、毎年開かれている。この大会で、小手島中学校は生徒数が少なく、九人制バレーボールでは、特例として男女混成で出場したことがある。

しかし、毎年ほぼ共通していたことは、球技は初戦敗退、陸上競技は、大きく引き離されて「どん尻を走っているのは小手島」、「総合成績＝万年最下位」の評価がほぼ定着されていた。

対戦相手の抽選会で、小手島との対戦が決まると拍手と大歓声で喜ばれ、対戦中のワンサイドゲームを散々にヤジられ、すっかり萎縮し、他島生に対する劣等感を募らせてきた。小手島の生徒達と島の応援団も、出場している仲間達の応援にも行かず、会場の片隅で声を潜めてうずくまっている様子であった。

しかし後でわかったことであるが、子ども達は内心ではそれを克服したいという想いは強かったが、きっかけが見つかっていなかった。まずは負けていたもので勝つということが重要な克服となる。そのためには、塩飽地区大会の競技での「一つ勝つ」ということが、直接的な見下した人を見返す条件となる。

映画解説 映画の中では、若い先生が、生徒達がバクチもしていることにヒントを得て、「そうだ生徒達は勝ち負けが好きなんだ」と思い立った様子が描かれている。

3　なぜ地区大会で惨敗したバレーボールのクラブ活動を始めたか

県大会優勝の前年度一九五八年の塩飽地区大会での小手島中学校の成績は、全敗でさんざんなものであった。* この敗戦が子ども達の自信を無くす大きな要因となっていた。まず自信をつけたり、見返したりできることは、負けている勝負で「一つ勝つ」ということである。多様性が尊重される価値観が前提になっていれば良いが、負けたところはそのまま放置して、別のところで良いところを無理に発見しても、決して自信にはつながらない。悔しさを逆にバネにすることで、できることを自認していくことが必要である。そのため、バレーボールは塩飽地区大会の一つの競技種目であり、女子が九人いれば、バレーボールも一チーム全員でできる。全員が入れれば、結束して臨むことができる。

＊　一九五八年の小手島中学校の塩飽地区大会の成績
・男子卓球→一回戦敗退
・女子バレーボール→初戦完敗（一九五八年の女子全校生は八名で、特例として小学生を入れて出場）
・陸上競技全種目男女とも最下位

映画解説　映画の中では、地区大会の中で、ビリを走る小手島の子どもが映されている。

6　「自信」「勇気」を持ち、自ら「育つ」教育への転換

1　「教える」と「育つ」を大事にする小手島教育への転換

教育とは「教える」こと、自ら「育つ」ことの両輪で成り立つ。しかし、当時の小手島では家事労働に追われるため、学校での教育が剝落してくる。生徒は、一日の授業が終われば、家事手伝いのため即帰宅し、放課後の家庭学習・個別面談や文化・体育系のクラブ活動はゼロであった。基礎学力は本来学校だけでなく、家庭を含めた反復学習等で知識・技能も定着する。

一般的に、一九五〇年代の離島の生徒特有の強い劣等感・萎縮感や人間関係の狭隘性による社会性の欠如などの克服・解消が急務であった。生徒が島外でも、のびのびと社会生活ができるよ

うに教えて自ら育つ力をつけることが必要であった。

2　離島・へき地の教育環境を教育活動でいかに克服するか

ただ生活時間として困難なことは、小手島では、近代化が著しい高度経済成長下でも、自給自足経済・インフラ不整備による不便さがあり、生徒の常習化している家事手伝いを克服するのは大変時間がかかる。家業は人手を必要とすることから、卒業後も島に留まることが多く、島外からの現金収入を閉ざし、生活困難さから抜け出せない状況があった。

また当時のへき地校では、一人の教員による全三学年・全教科・科目担当といった過酷な教育環境もあって、生徒の基礎学力の低迷は深刻である。また、島々の競技会である塩飽地区大会でも、痛烈な軽蔑のヤジを受けたこともあって、周辺の島々とその生徒に強い劣等感を持ち、行動を萎縮させていた。

これらの生活環境を克服するためには、個々の子ども達への教育活動と教育水準を高めることで、子ども達の自立的な生きる力を高める以外に方法はない。

3　小手島の生徒達の自信のために忍耐力をいかに育てるか

（1）生徒との一期一会の出会いと「積小為大」を大切に

生徒達の深刻な学力問題や、他島生に対する極度の劣等感・萎縮性・消極性を克服し、島外で就職・進学等の活動ができる「自信」をどのように育てたらよいか。若輩教員にはあまりにも大きな課題である。

しかし、できることもせずに、この問題を先送りすれば、旧態依然とした島の状況や、子ども達の重労働と貧困の連鎖から抜け出すことはできない。すでにある格差は改善されないまま継続されるどころか拡大の恐れがある。生徒達の基礎学力と社会性の向上は、就職・進学の道を拓き、島の内外で活躍できる次代を担う人材の育成であると考えていた。

いずれ教師としての自分が島を去る日をただ待つのではなく、「一期一会」で島の生徒との出会いを大切にし、わが身の保全よりも、微力ながら全力投球をしようと、若輩ながら心に刻んだ。

小手島中学校にも「二宮尊徳」像はあった。多くの小学校の校庭に建立した「二宮尊徳」プロンズ像の台座に刻む「尊徳の教訓」を調べる過程で、私は、引用した「積小為大」の考え方を子ども達にも伝え、教育活動に活かした。積小為大の考え方では、一つ一つの小さな取組に心血を注ぎ、その集大成を図る方策を考え、対人関係（人間性・人格の尊重、将来を見通した社会性）を大事にすることを生徒に伝えていた。

(2) 基礎学力向上のため夜間授業(毎夜八時〜一〇時)の取組内容

夜間授業を開始したため、全校生徒一六名は、午後八時、畦道を懐中電灯で照らしながら登校する。私は、学年の枠を外し、個別指導を中心に基礎学力の育成を図ることにした。書き取り・四則計算ともに段階的な進級方式で実施した。生徒達は大きなマルに喜び、自信を得て意欲的に取り組むようになった。印刷機がなく、問題作成はすべて手書きし、用紙購入代も私費で実施することにした。夜間授業の目標は次の様にした。

・島外での就職・進学の実現。そのための試験の合格。
・作文が書け、島外で生活ができる基礎学力。

(3) クラブ活動の創設・実施で劣等感・無気力・消極性を克服できるか

クラブ活動の創設・実施の目標は次の様にした。

・最低限、「塩飽地区大会で一つ勝つ」ことで、やればできるの自信を養う。
・スポーツの実施で積極性・忍耐力・持続力を養い、消極性・無気力を克服する。
・細い坂道の小手島では、早く走る練習ができないため、左右跳び等の俊敏性を育成する。

(4) 他島中学との練習試合で非コミュニケーション力・非社会性の克服

他島中学校との練習試合を実施した。土曜日四時間の授業後、舟を出して、近隣の島々を訪問した。練習試合の目標を次の様にした。
・島外の人との対面会話・コミュニケーションができるようになる。
・島外の人との交流を通して、社会性や面接力を高め、就職・進学にも対応できるようにする。

4　クラブ活動実施を阻む子どもの家事労働からの一定の解放へ

(1)　小手島で子どもが働かなければならない事情を少しずつ克服

当時の小手島では、子どもの手を借りなければ生きる術《すべ》を失う深刻な事情があった。その背景には、定期船が毎日着船しないため、商品経済から隔離され自給自足に耐える離島の現実がある。小手島の子ども達は、家族全員が働かなければ、生きていけない宿命を背負い、小学校就学以来、重要な働き手として位置づけられてきた。その厳しい環境にありながらも、少しずつ教育活動の長期的な重要性を高め、生活を少しずつ変えていく必要がある。

(2)　自然環境の厳しい条件を転換していく

以下のような厳しい自然環境なので、現金収入を増やすために、子どもの手を借りる必要があった。

①畑作面積確保のため道を削った畦道に車が入れず、人の移動・物の運搬はすべて小分けして、手提げ・背負いのため非能率で余分の労力を必要としている。

②花崗岩の風化した畑は土が固く、畜力に頼れないため、時間をかけて家族総動員で掘り起こしている。
③水の少ない小手島では、炊事・風呂用の大量の水の確保は日常生活に不可欠で作物の水遣りも欠かせない。
④共同井戸からの水の運搬は、坂道のため重労働。畑仕事に専念する大人には手が回らないため、水汲みは、子どもの仕事として位置づけられている。
⑤櫓漕《ろこ》ぎの平舟による一本釣りでは、遠方の好漁場への移動は難しい。
ただ、これらの自然条件の厳しさも少しずつ変えていく必要がある。生活しやすい環境を作っていくために、この環境を長期的に変える展望を持って、教育活動に取り組む必要がある。*

*生きる力
現代の教育目標には、①社会が変化しても、変わることのない基礎・基本と、②社会変化に主体的に対応する能力が求められている。
その内容として基礎学力、社会性が挙げられる。
(基礎学力)・基礎学力（知識・技能、思考力、表現力等）
・当該学年・年齢相応の応用力・創造力、等
(社会性)・社会参加力・活動力をはじめとした社会的行動力
・円滑な人間関係と社会適応する適応力
・マナー・身だしなみ等の礼儀と基本的生活習慣
・コミュニケーション力、等

5　保護者との話し合いの継続と家事との両立の合意

（1）保護者の家事労働の期待と家庭訪問

「授業が終われば、サッサと帰って手伝いをしろ、ボールを打っていても飯は食えん」と保護者は当初クラブ活動には否定的であった。子どもの家事手伝いは小手島の慣例であり、こうした親の意向も長年にわたって学校でのクラブ活動を阻んできた。

クラブ活動実施について、保護者の了解を求めるため、全校生徒の家庭訪問を継続的に実施した。

クラブ活動の実施を保護者と話し合うための家庭訪問中の玉井（開墾しつくして畦道しかなく、畑の中を歩く）

(2) 家庭訪問のいくつかの困難性と継続的な訪問

生徒全員の家庭訪問は、再度の訪問もあってほぼ一か月を要した厳しい訪問であった。何度も何度も訪れ、説得を続けた。家庭訪問に長期間を要した要因は以下のような点である。

①困難な要因の一つは家庭訪問の時間設定の難しさである。終日、畑で働く小手島では、昼食のため帰宅する四〇~五〇分のうち、一回で話し合えるのはせいぜい、一〇分か一五分。食事中は強い日差しを浴びながら、屋外でひたすら保護者を待ち続けた。

②道のない小手島では、目指す生徒宅の方向に進めないこともある。夜道の畑の畦道で何度も直角曲がりを繰り返し、行く手に巨大な岩石もあって迂回を余儀なくされ、目指す方向を見失うことも多く、予定の時間に到着できないことがあった。

③子どもの家事手伝い（水運び・農作物の水遣り・煙突掃除・一本釣り手伝い）は、長年島の慣例であり、放課後は子どもも家族も労働の時間である。

映画解説 映画の中では、クラブ活動に反対の保護者が若い先生と取っ組み合いの喧嘩をして、保護者が負けたあと、先生に「まいった」と叫ぶ様子が描かれている。

(3) 家庭訪問による話し合いで、どのようにまとめたのか

家事労働は生活に重要なので、家事労働と部活は両立しなければならない。そのため家事労働については、六限目の授業が終われば、まず生徒は即帰宅することを約束した。絶対に必要な家

事手伝いが終わった者から再び登校して自由練習とした。

家庭によって家事労働の程度は異なるが、全員（男子六人・女子九人）が揃った段階で総合練習へ移行することを約束した。すなわち家事労働の時間は妨げないということで、両立を図ることができるようにし、ようやくクラブ活動のお墨付きが得られた。

7　教師達の期待に応えようとする生徒達の内なる情熱

1　教育環境が揃っていなくてもできる所からのスタート

クラブ活動の実施は全校生をチーム集団として育てることが目的で、個人種目ではなく全員参加の球技とした。それによって、結束力・チームワークや協働性も身につけられる。ただし、球技の中でも種目は人数によって制限される。

男子六名は卓球、女子九名はバレーボール（九人制）とした。補欠者のいないぎりぎりの編成である。

卓球台は娯楽のない島の生徒の遊び用として過去に寄贈された台を活用した。

問題は女子のバレーボールの教具である。革のはげた泥まみれのボールが一個のみで、九人の生徒がサーブ練習をするためには最低五個が必要であった。学校に購入を要請したが予算がなく、やむなく自費で調達した。「黒板とチョーク」だけの授業からの脱皮を図るため、掛け地図や顕微鏡の購入や、私の意思で実施をしている夜間授業の用紙の購入などを要望したが、これも在職中には実現しなかった。

宿舎のない校長の自宅勤務の教育環境も含めて、ボールさえ購入できない小手島の教育環境の実態にもどかしさを感じていた。バレーボールネットは廃棄の漁網で代用し、その後、丸亀市内の中学校で廃棄したネットを繕って使用することにした。

2　バレーボールコート作りを子ども達と一緒に

整地されていない運動場のコート作りは難航した。運搬荷車を含め一切の「車」のない島では、各家庭より使い古した魚箱を持ち寄り、小学校上学年の応援を得て人海戦術で土を運び、全員が横並び、足踏みで土を固めた。

3　全校生全員参加型クラブ活動の始動と家業との両立

(1)　生徒達による家業をした後のクラブ活動への両立へ

放課後、生徒達は足早に帰宅し、家業の自分の仕事（水汲み・運搬・野菜の水やりなど）を終えると再び登校する。男子（六名）卓球、女子（九名）バレーボールの生徒全員参加型のクラブ活

コート整備のための土作り

小学生の応援を得て人海戦術で魚箱による土運び

動がスタートした。

（2） 昼間に家業を自主的にすませる子ども達

生徒達も夕方の全体練習時間に間に合わせようと、家事手伝いの優先順位を考え、昼食のために帰宅した折にも、一部の家事労働を済ませておこうとする考え方が瞬く間に全校生徒に広まった。家業も疎かにはしないが、クラブ活動も疎かにしないという生徒達の自主的な姿勢である。

運動場を使用する女子のバレーボールの練習では、運動靴の購入ができないため全員が素足であった。水の少ない小手島では水筒の持参者もいなかった。熱中症を防ぐ意味もあって、生徒九名を三分割の三交代制にした。三名のレシーブ中に他の三名はボール拾い、残りの三名は木陰で休ませた。

一組のレシーブ練習を二〇分以内にして、熱中症と怪我の防止とを最大限気遣った。生徒は親から家事労働を配慮してもらった大切な「預かり者」、心身を壊したら「元も子」もないと感じていた。

8　一変した島の応援風景と一丸となった目標

1　一変した放課後の学校と子ども達を応援する島風景

(1)　放課後子ども達の声が響く学校へ

これまで放課後は、家事労働で帰るために、生徒一人としていない閑古鳥の鳴く学校であったが、クラブ活動を始めてから、日没まで掛け声の響く学校へと一転した。

生徒全員が「一つ勝つ」(初戦突破)という目標を共有したことで、これまでの生徒に見られていた孤立・無気力・消極性が次第に消失し、再登校した者から、自主練習を始めるなど自主性・積極性が芽生えてきた。「一つ勝つ」ことに向けた生徒気質の大転換であった。

(2)　生徒の練習を見ることが楽しみとなった島の人達

島の大人達も変わってきた。これまで、釣った魚を沖買い人に売った後、帰島して酒を飲み、野良仕事の女性が帰宅して、夕飯の準備が出来てから起き上がることが概ねの日常であった。

しかし生徒のクラブ活動が始まると、大人達は飲酒と決別していた。テレビも娯楽もない島では、学校に来て生徒のクラブ活動を見ることが唯一の楽しみとなった。

大人達は、漁を終えると競うように学校に集まり、男子の卓球、女子のバレーボールの練習を見守った。バレーボールの練習では、五個しかないボールが飛散し、練習の空白をなくすことに苦慮していた。学校に集まる漁師達も、やがて練習の見守りや声援に留まらず、積極的に崖から落ちたボール拾いをすることで練習の効率を高めることができた。
練習を終えた生徒達と親や兄弟が、薄暮の畦道を、縦一列で帰宅する和やかな光景が見られた。

2　屈辱の歴史に幕を下ろし、「一つ勝つ」の一丸目標

塩飽地区大会で、「一つ勝つ」ことを目標にしてクラブ活動として開始したが、その雰囲気は島全体に広がっていった。その継続的な取組は、確実に成果を挙げることができた。*

＊小手島中学校の塩飽地区大会（一九五九年五月）の成績
・男子卓球（全員出場＝六名）➡団体戦（四名）、個人戦（二名）は、いずれも初戦突破。
・女子バレーボール（全員出場・補欠なし＝九名）➡塩飽地区大会優勝、
塩飽諸島を代表し中讃地区大会（丸亀市・坂出市・善通寺市・仲多度郡、綾歌郡）出場。

小手島の人々は、明治の初めの開島以来、塩飽地区制覇の一九五九年までの約一世紀の間、他の島々から見下げられることに耐えてきた。大人だけでなく、島々の体育大会（塩飽地区大会）で他島の中学生から、どの種目も最下位を揶揄され、会場の片隅で、仲間の応援もできない屈辱の経験があった。

これまでの塩飽地区大会では、生徒数が少なくチーム編成ができないことから、男女混成で出場したり、時には小学生を入れての出場など特例措置によって出場したことがある。これは生徒数が少なく、出場種目が制限される小手島への特別の配慮である。

しかし、歴史を覆し、小手島の「手島尋常小学校小手島分教場」開校（一九一四年）以来、初めて女子バレーボールで頂点に立った。

塩飽地区大会閉会式での小手島中学校への優勝カップの授与は、他の一一島の参加中学校の生徒とそれぞれの島の応援団（大人）を驚かせた。「補欠なしの全校生が選手」の優勝は、たちまち、塩飽地区諸島の噂《うわさ》となって島々を駆け巡った。

同時に、「ビリの小手島」など、小手島に対

塩飽地区大会で審判長を務める玉井正明

する束の間の優越感を誇示していた他の島々の姿勢と見る目が、「ちっちゃな島なのに、よく頑張っている」という目に変化した。小手島に対する評価が、「蔑視」から「健闘」へと一変した。明治の初め、「手島の放牧場」から始まった一世紀に及ぶ小手島の「屈辱の歴史」に幕がおろされた。同時に小手島では、それ以降、近代的な漁業を中心に飛躍的に発展していくことになった。

3 中讃地区大会では、生徒数一〇〇倍の巨大校への挑戦

一九五九年五月、塩飽地区大会（香川県中央の塩飽諸島一二島の体育大会）でバレーボール女子の部で優勝した小手島中学校は、七月の中讃大会（香川県丸亀市・坂出市・仲多度郡・綾歌郡）の出場権を得た。

中讃地区大会出場校（八校）は、いずれも市内・郡内予選を勝ち抜いたマンモス校であり、香川県一小規模校の小手島中学校は一五名の生徒数である。大会出場校のうち、丸亀市内のA校の生徒数は一八八一人で、生徒数一五名の小手島中学校の一〇〇倍以上の生徒が在籍している。個々の運動能力・技能に関係なく、生徒の中から選抜された選手と、生徒全員出場の離島の学校では、とても太刀打ちできる相手ではない。

9　全校全員参加の小規模校で、なぜマンモス校選手に勝てたのか

1　圧倒的な戦力格差を意識しない

戦力格差は最初からあるので、それを意識すると、「負けるのが当たり前」という言い訳になり、負けることを前提としてしまう。目標は「一つ勝つ」であり、「一つ勝つ」ことを一つ一つ積み上げるだけである。そのため、戦力格差は意識しないようにした。

圧倒的な環境格差・戦力格差

	小手島中学校	県大会代表校
生徒数	小規模校一五名（男六名・女九名）	大規模校一五〇〇〜二五〇〇名
選手の編成	女子生徒全員（九名）	選抜された実力選手
経験と適正	球技経験が少ない	バレーボールが得意な選手の選抜
身体状況	小柄（身長一二八〜一四〇）ネットに手がでない	高身長（一五五〜一七〇）
練習施設	校庭（炎天下、水たまり、ボール拾いに苦労）	体育館で効率の良い練習
ボール数	五個	五〇個以上
戦法	低身長のためスパイクがない（守り中心）	鋭い多彩な攻撃力

2　戦力格差を克服するための始業前練習と放課後再登校練習の確保

（1）始業前練習（朝練）を実施（七時三〇分〜八時二五分）

放課後の練習は、家事手伝い後の練習になる。練習時間の不足を補うため、始業前に約一時間の練習を取り入れることにした。

（2）放課後再登校練習

授業後、生徒は一旦帰宅して水汲みなどの家事手伝いをし、終わった生徒から登校して自由練習する。全員（九人）が揃った時点から本格練習をする。時間は、再登校から日没までとする。

3　小が大を制するために考えたこと＝レシーブで守り抜く戦術

（1）選手が小柄でスパイクのないチームのハンディ

・ネット上に手が出ず、相手コートへのスパイク攻撃ができない。
・ネット上で相手の攻撃をブロックできない。

バレーボールの勝敗は、高い打点から相手コートに突き刺さるような強烈なスパイクによって勝敗が左右されることが多い。中讃地区大会（八校）、県大会（八校）出場校中、スパイクのないチームの出場は前例がない。

（2）スパイクのない小手島チームの〝惨敗〟の予想

スパイクのない小手島中学校が、中讃地区大会・県大会でどう戦うか、多くの人が興味津々で注目された。大会関係者や参加校の中では、塩飽地区大会で優勝したとしても、しょせん島の地区大会の優勝に過ぎず、中讃地区大会では初戦敗退と予想されていた。スパイクのない試合前の練習を見て「試合にならないのではないか」と小手島中学校の〝惨敗〟を予想していたようである。

4　対戦校のスパイクを受け取る守備力強化策

（1）レシーブ（千本ノック）の強化策と生徒の奮起

各地の予選を勝ち抜いて県大会に出場したチームの中で、唯一スパイク攻撃力のないチームである。そうであれば、守って守って守り抜き、対戦校のミスを待つ以外に互角に戦える方法がない。そのため毎日、レシーブ千本ノックを実施することにした。

小手島中学校の小柄な選手（小さな体で力一杯オーバーハンドサーブを打ち込む）

指導者（玉井）は、強い日差しを受けながら、ネット前の古机の上の高い位置から連続して強いボールを打ち続ける。極度に疲労したが、ついてくる子ども達に支えられた。しばしば私玉井が熱中症等で倒れたことが、かえって生徒達を奮い立たせ、生徒達は先生に負けないように練習に意欲的に取り組むようになった。

選手九人（女子全校生）を前衛・中衛・後衛の三人単位に分けた。「レシーブ練習」、「ボール拾い」「休憩グループ」の三交代にし、一〇〜二〇分ずつ循環させて練習した。無医地区であり、各家庭の重要な労働力である生徒達を、預かっているという意識もあり、怪我や疲労が蓄積しないように最大限に配慮した。

県大会決勝戦最後の一投（オーバーハンドサーブが決まり小手島優勝が決定）
左の顔半分の人物は作戦を指揮する玉井正明

(2) コート内の狙いの確実性を高めたオーバーハンドサーブ練習

攻撃力（スパイク）のないチームにとっては、サーブは重要な得点源である。サーブの確実性を高めるため、放課後に、家事手伝いを終えた者から再登校し、全員が揃うまでの自由練習中に、サーブ練習を集中して行った。

サーブは最も強力なオーバーハンドを使用した。全身を使ったオーバーハンドサーブは習得までに、時間を要したが、どの位置でボールを叩くと正確で強力なボールを打ち込めるか、お互いに切磋琢磨して精度を高めた。

映画解説　映画では、アンダーハンドサーブが映っている。実際の小手島中学校は、スパイクで攻められないため、オーバーハンドサーブで攻めている。

5　他島との練習試合を組む

塩飽地区大会で小手島中学校の出場選手を嘲笑しない学校として、多度津町の高見島の中学校、佐柳島の中学校を選び、土曜日の四時間授業後、漁船を借りて訪島して交流した（当時生徒達は近隣の手島中学校・広島中学校との試合は、嘲笑されたことがあり、希望しなかった。生徒達は高見島と佐柳島の中学校を希望した）。

小手島から初めて他島を訪問する機会を作ったことで、挨拶・言葉遣いを意識するようになり、当時の小手島中学校生徒特有の「非社会性」の改善に役立った。

ただ、指導者（玉井）にとっては、一週間に一度帰宅して栄養・睡眠の補充が出来なくなり、飢えと疲労がたまり、悪天候下の日を含めた緊急搬送の原因となった。

6　満身創痍でも生徒達から力を得た日々

無医地区のため強度の肩こり・歯痛・中耳炎・指が骨折しても痛みに耐える日々であった。土曜日に帰宅できたとしても、土日に治療が受けられないため、痛みを堪えたまま、翌日の日曜日に帰島した。

六十数年余の現在（二〇二三年）も右肩の痛み、骨折した指の変形、難聴など後遺症に苦しむが、充実した生徒達との時間だった。

小手島における１日の生活時間

時間	玉井の行動と活動
6:00	起床・100 m下の谷間の水溜井戸で洗面。
7:20	出勤
7:30 ～ 8:25	朝の練習（バレーボール）
8:30 ～ 12:00	午前の複々式授業（1 教室で 1 年～ 3 年同時授業）
12:00 ～ 13:00	生徒は帰宅して食事と家事・家業手伝い （玉井は食べ物がないので欠食）
13:00 ～ 15:00	午後の授業（全学年を一人で取り組む複々式授業）
家事手伝い後～日没	放課後の練習（バレーボール）
19:00	軽食、夜間授業の準備
20:00 ～ 22:00	夜間授業（全校生は足元を電灯で照らして畦道登校）
23:00 ～ 3:00	机代わりの箱の両端にローソクを立て教材研究 （1 年 ～ 3 年の教科書 18 冊の下調べ・睡眠 3 時間）

⑩ 新卒教員の救急搬送を決した島民の決断と生徒達の奮起

1　急病と島の住民達に助けられた救急搬送

(1)　監督玉井の救急搬送で子ども達をさらに強く奮起させた

監督の玉井は、何度か熱中症と過労で救急搬送された。それを搬送してくれたのは救急車ではなく、島民である。救急搬送も島なので病院までは漁船で一日がかりである。だが、それを見ていた子ども達はさらに奮起して一丸となって、「一つ勝つ」ことに挑戦しようとしていった。

(2)　急病と救急搬送されるやむを得ない背景

①　過労と睡眠不足

・炎天下の長時間千本ノック。
・全学年、全科目一週間三四時間の一人授業。
・全校生（一・二・三学年）の丸一日、休みなしの一室同時授業（複々式授業）。
・翌日の授業に使用する教科書一八冊（全学年の六時間分）の下調べ。
・夜間の自家発電送電停止後の午後二三時～午前三時頃まで、木箱の両端にローソクを立てて授業研究。一日平均三時間の睡眠。

② 欠食・栄養不足

・一週間単位の島滞在のうち、自宅から持参の弁当を少しずつ食べて二日間持たせ、残りの四日間は乾物。昼は欠食（食物がない）。

・民家屋根裏の生活では火が焚けないので、朝の洗面時に共同井戸（貯水井戸）で生水を飲むだけで一日を過ごす。

・共同井戸は地下水ではなく、竹林から徐々に流れてきた深さ三〇センチの水たまりで雑菌が多いので煮沸が必要。また学校には水道がないので、一〇〇メートル下の井戸まで度々飲みに行くのは難しい。

・生水は飲めず体の水分補給ができないことが熱中症による緊急搬送の一因となった（一般的に体重六〇キロの成人は、毎日約二・一リットルの水分が必要）。

③ 他島との練習試合による土日の島遠征

・土曜日の授業（四時間）後に四～五キロ範囲内の他島の中学校とのバレーボールの練習試合を実施した。そのため土曜日に帰宅できないと二週間連続して島に滞在した。一週間ごとに帰宅して、栄養と睡眠を補充し、疲労回復していたが、それができないため、体力が落ち毎日ふらついていた。

他島との練習試合は、実戦の試合感覚の体得・非社会性と消極性の改善・閉鎖性の改善、のた

港で妻・サチエからの仕送りを待つ玉井
（右端、1958 年 11 月）

小手島の浜（1958 年）

他島での勤務経験のある小学校教師の妻と子ども
（小手島中学校の校庭で）

めに導入した。交流の結果、挨拶・言葉遣い・社会性が向上した。

練習試合に関係のない男子生徒も、島外での就職活動ができるようにするために、当該練習試合に同行させ、全校生の社会性向上に配慮した。

体型が衰えていく状況を見た妻サチエが、仕事を休み、小手島に食べ物を届けてくれた。一歳の子どもを背負い、五〇〇メートルの島の坂道をあえぎながら登って来た。急病で二五年の人生を終えそうな危機一髪の際の救援に六十余年後の今も「感謝」を忘れていない。

映画解説　映画の中では、婚約女性が食べ物や子どもの玩具を届けに来るシーンが映されている。

(3)　当時の島でなぜ食事が取れなかったのか

小手島の小・中の教員中、私玉井と校長の二人は教員宿舎がなく校長は自宅勤務だった。玉井は民家の屋根裏（物置）で生活し、煮炊きが一切できなかった。

小手島にある唯一の商店は酒・醤油・塩のみ販売のため、食料品の入手は困難であった。一週間に一度の帰宅時に食料品を大量に仕入れても、煮炊きできず、冷蔵庫もないので腐蝕することが少なくなかった。また大きな搬入食糧を抱えての下船は転落・重傷の危険性があり困難であった。

2　小手島住民達による嵐の悪条件下の決死の救急搬送

(1)　救急搬送四回（荒天時一回・濃霧二回・好天日一回）

何度も救急搬送され、瀕死の時もあったが、保護者に搬送して頂いた。

濃霧・荒天時など、最も恐れられる危険な状況下でも、小手島の人達の善意によって、丸亀市街地までの海上二〇キロメートルを四回（荒天時一回、濃霧二回、平穏日一回）にわたって搬送された。

(2)　瀕死の玉井の大嵐・濃霧下の救急搬送処置の決断と感謝

毎日六時起床で、一〇〇メートル下の共同井戸で洗面することが日課であったが、いっこうに起きてこない私玉井を家主の河田勇氏がはしごを使って確認し、異常に気付いた。「このままでは、玉井先生が死んでしまう」と坂道を駆け上がり、教員宿舎の教頭に掛け合ってくれた。次の着船までの三日間の全中学生の授業ができないが、河田氏がＰＴＡ会長と副会長に相談してくれて、ＰＴＡ副会長（小見山敏明氏）が救急搬送してくれることになった。大嵐や濃霧の中でも豊富な操船経験を持つＰＴＡ副会長が、台風接近中の大嵐・高波の中での搬送を、また頻繁に濃霧が発生し、一〇〇メートル先を見通せない超危険な中での決死の搬送を決断して頂いた。小宮山氏には、漁船から玉井が振り落とされないように、私を漁船にひもでくくりつけて、搬送して頂いた。

（3）救急搬送時のエンジントラブルによる操舵不能の搬送と島民への感謝

荒天下二メートルを超える三角波（＝異なる方向からの波が重なってできる三角状の高波）の波頭でエンジンが空回りし、救急搬送時にもかかわらず、エンジントラブルが生じ操舵不能となった。目的の丸亀港に着岸できず、七キロ先の坂出港で係船作業中の人達の助けを得て上陸できた。四時間余の恐怖の搬送であった。

以後、半世紀後の今も、超危険な濃霧の救急搬送を小手島の住民達にして頂いたことを片時も忘れることなく、感謝の念を持ち続けている。

（4）濃霧の中の搬送中、定期船との衝突回避で九死に一生

搬送時に一〇〇メートル先も見通せない濃霧の中で、突然、島通いの定期船と遭遇した。国鉄連絡船・紫雲丸事故*がよぎり、もはやこれまでかと覚悟した。小見山敏明氏の巧みな操船術で急転回し、衝突を回避でき、九死に一生を得た。

＊紫雲丸事故：一九五五年五月一一日、女木島沖で国鉄宇高連絡船・紫雲丸（一四八〇トン）と貨車航送船・第三宇高丸（一二八二トン）が濃霧の中で衝突し、紫雲丸が沈没。小中の修学旅行生・子ども・女性を中心に一六八人が死亡。瀬戸大橋建設の契機となった。

3　知事表彰を受けたドクターヘリ提案論文

ちなみに漁船で救急搬送して頂いた私玉井の経験から、私は島嶼《とうしょ》部からも病院に緊急搬送できるドクターヘリの配置の必要性に関する「香川県次期総合計画策定論文」の政策提案論文に応募投稿し、一九八五年一一月八日に、香川県知事から優秀賞の表彰を受けた。

香川県次期総合計画策定論文表彰（1985 年）
表彰を受ける玉井正明

第三章　香川県大会当日の生徒達の自信と優勝が島にもたらした光

1　県大会出場に向けた障壁と大会当日の災難

1　県大会出場に向けた中讃地区大会の優勝

（1）予想を裏切っての中讃地区大会出場と周囲の前評判

一九五九年五月の塩飽地区大会の小手島の勝利は、前評判を覆した。塩飽地区でも、県内最高度のへき地四級校（香川県内では二校、小手島と小豊島）の小手島中学校が、予想に反して優勝したからである。長年にわたって「裸足」「着の身着のまま」と揶揄されてきた一〇〇年の屈辱を晴らした。

しかしそれでも多くの人は、小手島中学校は、塩飽地区大会で勝っても、中讃地区大会では、負けるだろうと予想していた。

(2)　次の中讃地区大会での「小敵と見て侮るなかれ」の戦々恐々

塩飽地区大会の次の中讃地区ブロック大会(香川県中央部)は、一九五九年七月上旬に行われた。中讃地区大会でも開会式前の自由練習を見ていた各校の監督や選手達は、一様に小柄な小手島チームが、対戦し易いと見ていた。出場チームで唯一、裸足で日常着であるが、それも侮られる原因となった。

しかし、実際に戦ってみると、相手チーム自慢の高い打点からのスパイクが通用せず、拾って返す守りの強さに根負けし、対戦相手は失点を重ねた。小手島中学校は守りで勝ち進み、中讃地区大会でも大方の予想を完全に覆して優勝した。

2　前例のなかった小島の学校の県大会出場と障壁

(1)　県大会出場に向けてまたしてもお金の壁

一年前の塩飽地区大会(一九五八年五月)では、大敗後の中傷を受け、せめて「一つ勝つ」ことを目標にクラブ活動を創始した。練習でも、ボール代などの捻出に苦労し、私費購入でまかなったが、県大会に向けて再びお金の問題に直面した。

(2)　県大会ではユニフォームを作るのか、これまでの日常着か

これまでの地区大会はすべて日常着と裸足で出場し、時にはこの異装が嘲笑された。

映画解説　映画の中でも、日常着と裸足の場面が強調されている。

「何としても県大会ではユニフォームで臨みたい」とお金の捻出に苦悶する日々が続いた。そのうち、卒業生からの「手島中の分校時代にユニフォームを作ったことがある」との言葉をもとに、汗で変色し、かび臭いユニフォームを探し出し、洗濯をして着用させることとした。ただユニフォームの校名は「小手島中」ではなく、「手島二中」を使用することを、大会委員会に事前に相談し了承を頂いた。

(3)　靴履きか裸足の出場かの迷いと親の愛情

靴についても、小手島中学校は、これまでの地区大会すべて裸足で出場していた。しかし、県大会という大舞台で貧弱な服装姿を晒（さら）したくはなかった。それによって萎縮したり、嘲笑されるのを避けたかった。

また県大会では、八月の炎天下二時間に及ぶ試合を裸足で臨むのは最も危険で、捻挫の恐れもある。何とか靴履きの出場はできないものかと苦悶の日が続いた。小手島では、道を削ってまで畑にし、食糧の確保に努めている。零細農漁業では、とても保護者に「靴を買ってください」とは言えないのが現状だった。

そのうち一家庭から「靴を買ってもよい」との知らせが契機となり、九人の選手全員の靴履きの出場が決定した。保護者は日頃の家事手伝いの「小遣い」と位置づけていた。靴の購入という無理な支出は、子どもへの労働の「感謝」の表れであった。もとより靴購入の動機はまちまちで、せめて人並みのことをしてやりたいとの親としての「愛情」が感じられた。

映画解説　映画では、塩飽地区大会の決勝戦で生徒が靴を脱いで裸足になる姿が映されている。

3　バレーボール県大会当日の集合と出航時の災難

(1)　大会当日の時間前の全員集合に喜ぶ

一九五九年八月七日、前日の最終練習後に「明日午前六時、浜辺に集合」を指示し、解散した。当日玉井は、午前五時から生徒の集合状況を見守った。九人制バレーボールに九人の女子生徒全員でチームを編成しており、補欠なしのチームでは、病気や疲れなどで一人でも欠けると折角の県大会出場も棄権となる。猛暑や酷寒に耐えて練習をしてきたことが台無しとなる。しかし、生徒全員が六時前の時間通りに集合し、安堵した。それ以上に生徒の時間をしっかり守る規律ある生活態度の成長を喜んだ。

(2)　開島以来の大応援団の出航

島の大人達も続々と浜辺に集まり、その数はおよそ八〇人で、一九五九年の小手島では世帯数五四軒なので一家から生徒を除いて一・五人が見送りに来ていることになる。小手島では年間の畑仕事に追われ、盆と正月しか休まないのが普通である。その畑仕事を休んでまでの応援団は初めての〝異変〟であった。

応援団が多いので、定期船を特別に寄港してもらったのではないかとの、周りの島外の憶測があったようであるが、定期船では開会式に間に合わないので、あらかじめＰＴＡ副会長の持つ平舟動力船に生徒の搬送をお願いしていた。

小手島の漁船は全一五隻で、そのうち三隻が動力船。急遽、二隻の持ち主にお願いし、一五人ずつに応援団も分乗して会場の坂出市の坂出港に向かうことにした。風のない日であったが、過剰乗船が気がかりであった。小さな島だけに「三〇人」は大応援団であり、歴史的な生徒の「県大会出場」に島の人達の高揚感が窺えた。

港がなく浜辺に引き上げられた漁船

（3）　乗船者が多く海中を船まで歩いて乗船し、いざ出発

生徒と応援団合わせて四〇人は、三隻の漁船に分乗して小手島を出発した。砂浜海岸から、およそ一五メートル先の、水深五〇センチの海中を歩いて舟まで進み乗船する。海中を歩いて乗船するのは、信じられない光景であったが、気丈な船出であった。

普段小手島には防波堤はあっても桟橋はなく、二日ごとの定期船の着船では、舟の舳《へ》先《さき》から防波堤に五メートルの板橋をかけて乗降する。防波堤麓には補強のための捨て石もあり、足を踏み外して落下すれば、最悪の状態となる。

一方、小さな漁船は防波堤に係留設備がないため、漁を終えた舟はすべて、沖に流されないように、海岸の砂浜に引き上げる。漁師が一人で漁に出る時は波打ち際に引き下げて出られるが、一隻に十数人が乗船する場合には、スクリューが作動できる深さの沖合まで船を出し、皆が海中を歩いて乗船し、そこから出航することになる。

4　坂出市沖合「番の州」浅瀬での座礁――生徒の漁船が立ち往生の災難

応援希望者約八〇人の全員は舟に乗れないので、そのうち「どうしても行きたい」人の三〇人の選定に時間がかかり、遅れて小手島を六時二〇分に出発した。出発が遅れて、開会式に間に合わせようと焦る生徒の舟は、最短距離だが急流浅瀬のある坂出市「番の州」上を直線で横切るこ

とを選択した。応援団の二隻は試合までに到着すればよいので、海の難所「番の州」を避け、「本島」（島の地名）側に大きく迂回することにした。

隣島の「広島」（島の地名）を回るとまもなく海の難所・急流浅瀬の「番の州」に差し掛かる。「番の州」は、土器川の土砂が堆積した丸亀沖の巨大な浅瀬となっていて、大潮の時には砂地が海面上に現れる時もある。

生徒の舟はやがて人の歩行程度の低速で、アマモ群生を押し分けて進むようになり不安がよぎる。まもなく不安が的中し、四〇〇キロの重みで喫水線が大きく下がっている上に、「番の州」で最も浅い箇所と重なって座礁し、動けなくなった。生徒達が舟の右舷・左舷に集まって大きく揺さぶることでようやく脱出できた。「番の州」の砂利でなく、砂地であったことが幸いした。も

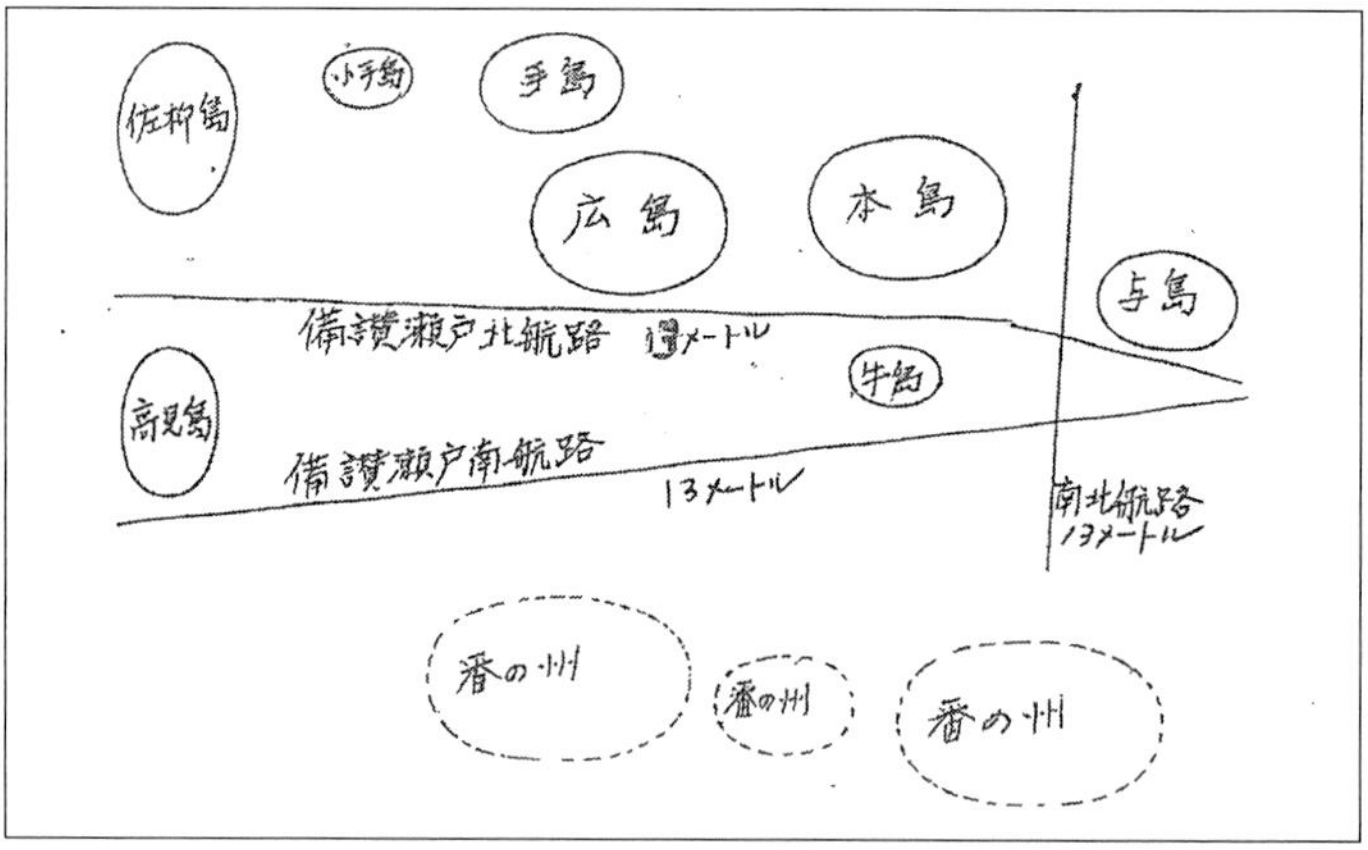

手書きの航路図と番の州

し、砂利であれば、スクリューが破損し、連絡手段のない舟は「番の州」上で終日、立往生をするところであった。

5　小手島中学校にとっての初めての香川県大会開会式を迎えて

一九五九年八月七日、香川県中学校バレーボール大会決勝戦は、香川県立坂出商業高校屋外コートで行われた。参加チームは県内各地の予選を勝ち抜いてきた男子八校、女子八校の一六校の強豪校である。代表校中、小手島中を除く一五校は、いずれも生徒数一五〇〇名前後のマンモス校である

開会式の整列でひときわ目立ったのが、長身の選手を揃えた代表校中、小柄な小手島中学校生徒が谷間になっていることと、購入して初め

香川県中学校バレーボール大会開会式（1959年　男子・女子各8チーム）（背丈が一段低い）ほぼ中央の女子左端の黒いユニホームが小手島中学校

て履く真っ白な靴である。対戦相手の長身が小手島中生徒の心理的な脅威にならなければと念じた。

今回の小手島中学校の香川県大会出場には特記すべき点が四点ある。

・島嶼部（小豆島を除く）からの県大会出場。
・全校女子生徒全員（九人）による全員選手としての出場。
・香川県一の小規模校（一五人）、へき地四級校の出場。
・スパイク攻撃力のないチームの県大会出場。

このような困難な状況の中での出場であるが、あとは「どれだけ互角に戦えるか」、勝てなくても無残な惨敗による帰島だけはしたくないのが、試合開始前の本音であった。

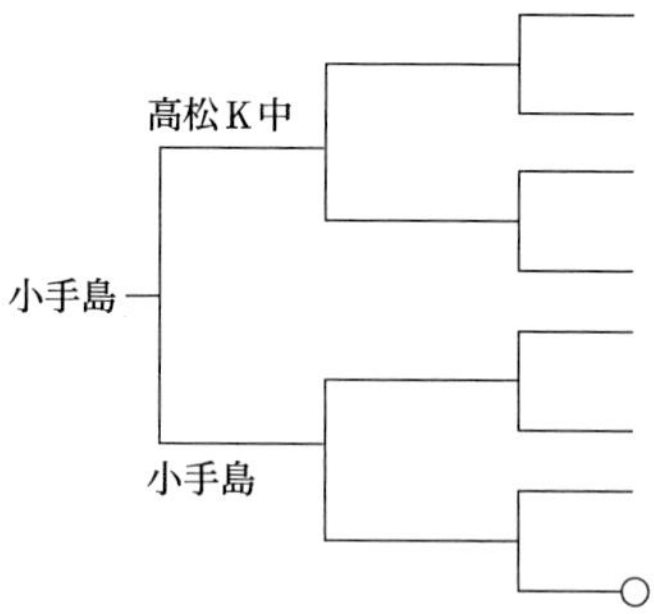

トーナメント方式の対戦図

2　県大会当日の作戦と、失敗を奨励し挑戦する気構え

1　ハンディを補う小手島作戦の継続――小が大に勝てる部分だけを伸ばす

各地域の予選を勝ち抜いて県大会に出場した男女八校ずつが、決勝戦に残るためには三試合の勝利が必要である。小手島中学校はどのようにして接戦を勝ち抜くように作戦を立てたか。それはこれまで行ってきたことを改めて確認し、継続するだけのことである。

(1)　相手校の攻撃封じのフェイント作戦に自信を持って

相手チームの長身選手による強烈なスパイクは、ネット際で防げない小柄な小手島チームにとっては脅威である。そこでこれまでも採用した小手島作戦の一つは、相手チームの前衛左右のスパイカーのタイミングを狂わすフェイント戦法で、相手の守備の穴に緩いボールを落とし、攻撃をさせない方法であった。小手島中学校は長身者がいないため、やむなくフェイントを多用化したが、落とす場所は臨機応変に考えた。

(2)　オーバーハンドサーブの強攻策の賭け

オーバーハンドサーブは、ボールを頭上にあげ、拳で全身を使って叩く方法である。県大会出場校の多くが、顔の前でボールを平手でたたくフローターサーブが多い中で、小手島中が正確性

に欠けるオーバーハンドにこだわったのは、スパイクに準じる得点源が必要だからである。

　オーバーハンドサーブが一度失敗しても、第二サーブも安全策のアンダーハンドサーブを使用せず、オーバーハンドサーブで強行した。相手への狙い先は、レシーブ時に横向き捕球で後逸することの多い後衛の両サイドである。決勝戦最後の一投も、オーバーハンドサーブがライン上に決まり、小手島の優勝が決定した。

2　身長差を克服する小手島中の広範囲守備力と三列三交代制の応用

　優勝決定戦までの三試合は、ネットを挟んで対峙する双方の身長は明らかに「大と小」で、誰しもが一方的な試合展開を予想した。しかし試合では、強打を連発しても小柄な小手島の選

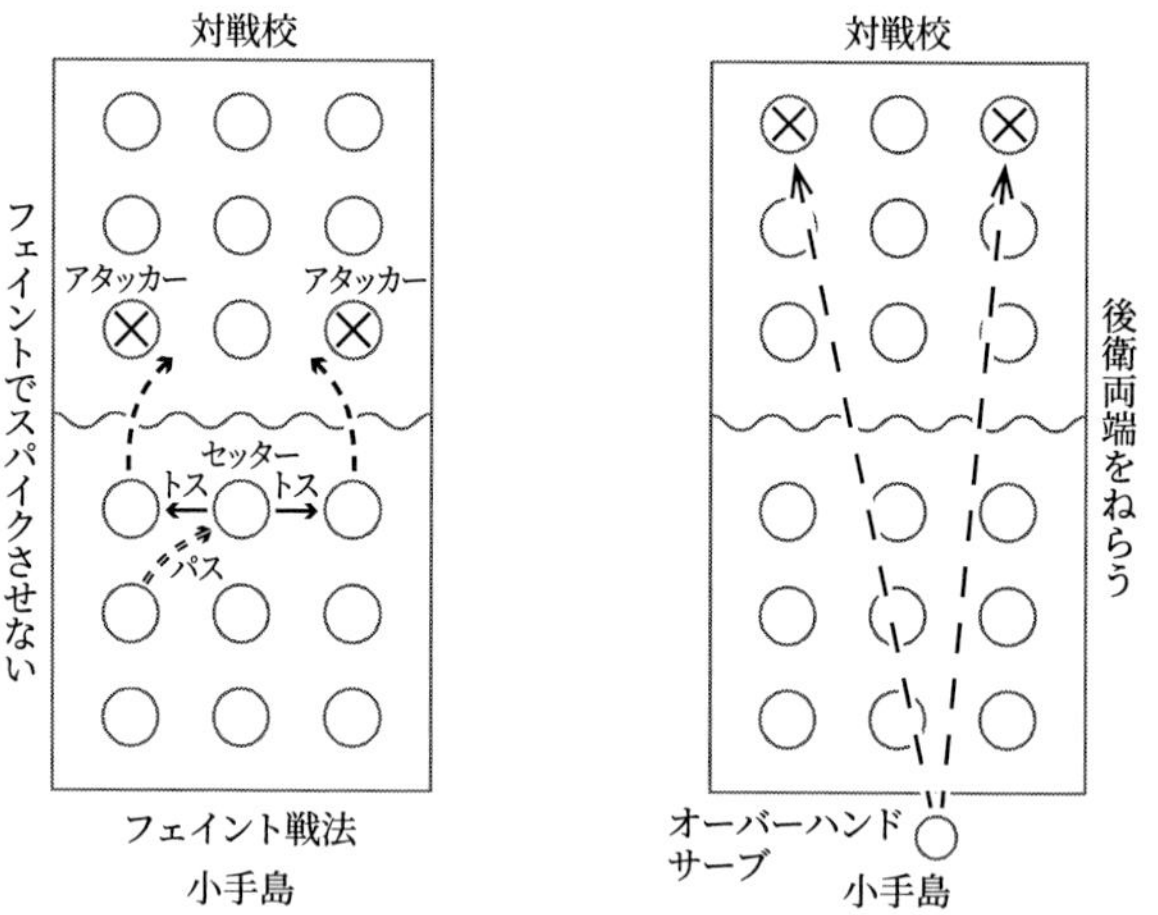

後衛サイドに狙い

手が拾い上げて返してくる。このレシーブ力の差は、千本ノックで鍛えられたものである。

小手島では九人の選手（女子生徒全員）を前・中・後衛の三人ずつでレシーブの練習を交代して繰り返し行ってきた。三交代で休みと球拾いとレシーブを繰り返すことで、疲れを蓄積せず、効率的なレシーブ練習ができる。同時に三交代制は、広い守備範囲を一人で守るという練習となり、どの位置にいても、走り回ってボールを取ろうとする。

生徒達はそれぞれがコートいっぱいのボールを追い、広い守備力と難しいボールの処理を身に付けてきた。本番ではこの広範囲を自分が守るというレシーブ力の差が勝敗の分岐点となった。

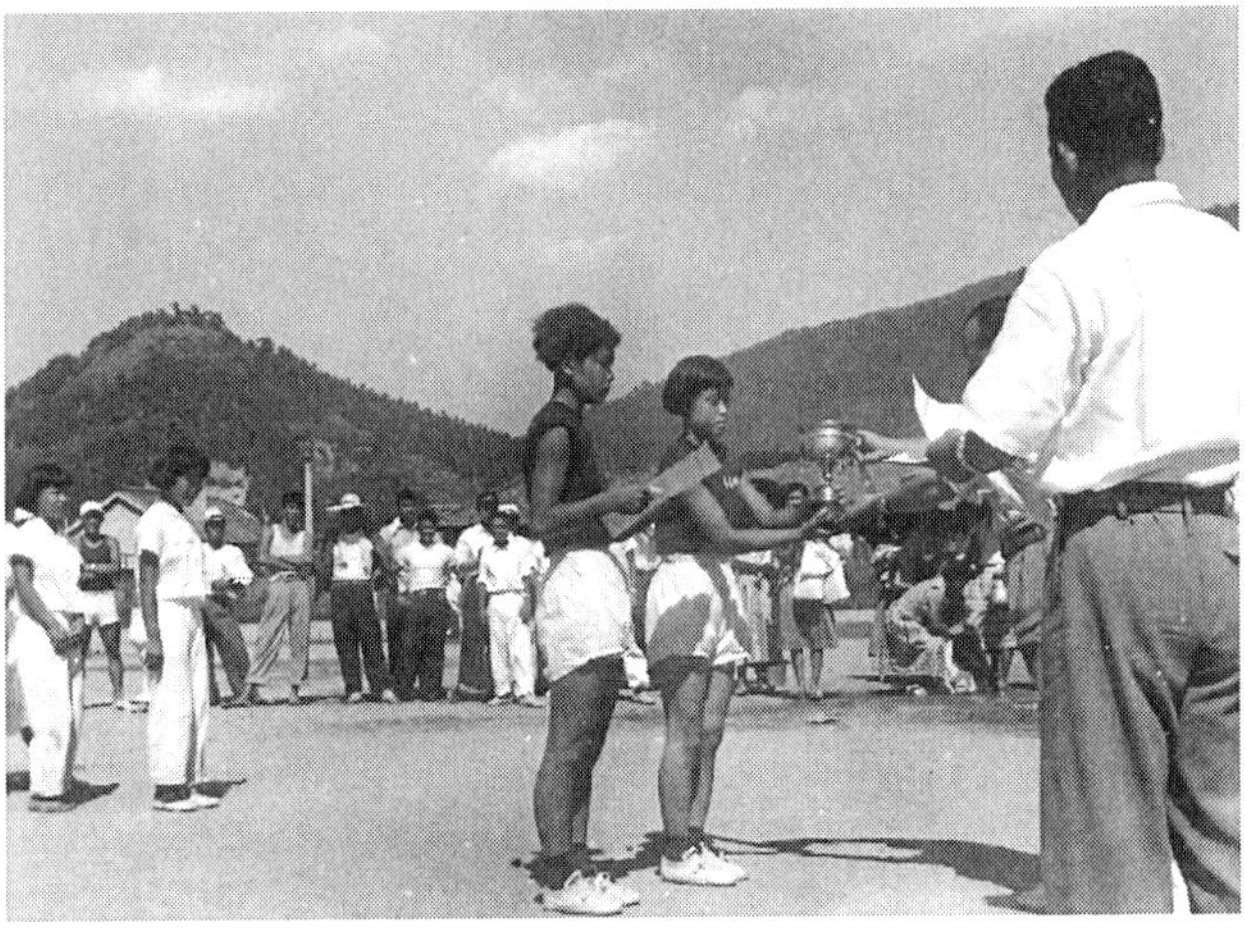

小手島中学校に優勝カップ授与

3 失敗奨励策の教育の開花と挑戦意欲の向上

新しいことを克服するためには、技術自体も重要であるが、それを克服しようとする挑戦意欲はさらに重要である。人は失敗を通して反省し、改善して成長する。「失敗は成功のもと」「七転び八起」である。失敗をいちいち咎《とが》め、叱責するとかえって動作をぎこちなくさせ、大胆さが欠けていく。そのことを十分承知した上で、練習でも本番の試合でも失敗を笑顔で黙認し、真剣に取り組んだ末の失敗を賞賛した。

このことで失敗を恐れない気風が醸成され、試合でも積極的になった。小手島の生徒達がマンモス校を相手にして伸び伸びとプレーが出来た背景には、失敗を笑顔で黙認し、時には試合中でも失敗を賞賛してきた中で失敗を恐れない気性が高まってきた背景がある。大舞台での戦い方の差は、失敗を恐れない気概であった。

4 女子生徒全員のチーム配置

下図は当時のチーム配置である。

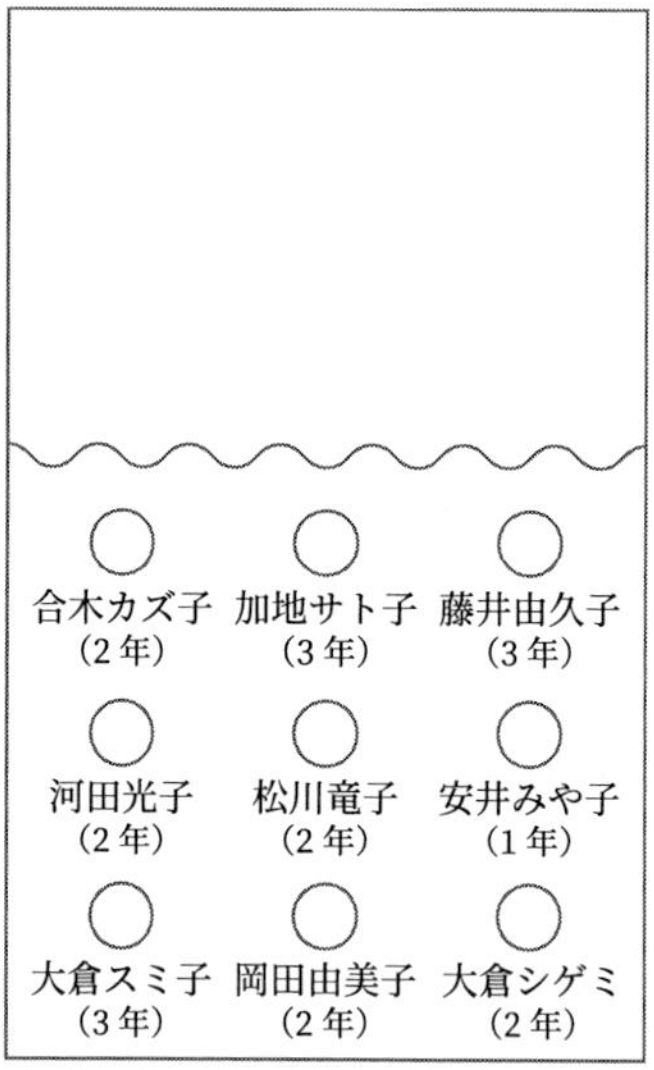

女子生徒全員のチーム配置図

3　女子生徒の自信を胸に堂々とした雰囲気で迎えた決勝戦

1　マンモス校に対して堂々と積極的な雰囲気で挑んだ決勝戦

(1)　技能差ではない大事なもの——堂々とした雰囲気はどこから来たか

香川県バレーボール大会女子の決勝戦（一九五九年八月七日）は、女子生徒達はむしろ地区大会よりも堂々としていた。これまで「一つ勝つ」ことさえもできなかった生徒が地区大会で優勝したことは、すでに目標を大きく超えた達成感と自信に満ちあふれていたような気がした。県大会では、地区大会とは違って、薄氷を踏むような勝ち方ではなく、他校よりも勇気と自信に満ちていたように感じられた。それが結果的に小手島中学校の女子生徒の堂々とした雰囲気を作り、マンモス校を凌駕する力となったのではないか。

客観的に見ると、誰もが小手島中学校の生徒達が決勝戦では臆するのではないかと考えていた。その客観的背景はたくさんある。決勝相手校は二〇〇〇人余で、小手島中学校（全校生一五人）の一三三倍の生徒数を持つ県内第二のマンモス校である。全校生出場の女子に対して、一人一人がおそらく高度の技能を持つ選抜選手である。

大規模校に挑んだ小規模校は、瀬戸内海の小島、香川県の四級へき地校である。大規模校と小規模校の差は、コートのネットを挟んで「大と小」の身長差、コートを取り囲む大会関係者数の差、応援団数の差で、大きく差が開いている。開会式を待つ出場校の関係者達は、いずれも「勝敗は明白」と読み取っていた。

(2) 内面の心の変化が見えた——恐れるものは何もなかった

小手島は勝てないだろうと予想されていても、しかし地区大会を勝ち進んだ小手島中の女子生徒達にとって、たとえ県大会の一回戦敗退でも、すでに恐れるものは何もなかった。試合が始まると、相手チームの肩までしかない小さな選手がコートいっぱいに走り回って躍動した。対戦校の長身アタッカーからの強打をパス、隙間にボールを落として撹乱させた。

味方がはじいたボールを、コートの外まで最後まで追いかけて失点を防いだ。試合の中でボールを追いかけることをやめ、得点を諦めるという雰囲気は全くなかった。ボールを最後まで追いかけることの恥じらいもなかった。

この堂々と諦めない小手島中学校の女子生徒の雰囲気は、指導者である私には、それ以前の雰囲気と比較することで、明らかにこれまでの雰囲気とは違う内面の心の変化であることがよくわかった。それは恐れるものは何もないという自信と挑戦の気持ちである。

2　生徒達の勝利は、技術力の差ではなく自信・挑戦意欲の差

前年度の塩飽地区大会では、相手校のさほど強くないスパイクに手も足も出ず、ボールは筒抜けで、嘲笑され、ヤジ・中傷を受けて惨敗した。その違いの根本的な要因は、バレーの技術力の差ではなく、自信のなかった前年の地区大会と自信を持った翌年の県大会の違いである。

身体的にも技能的にも、施設・練習環境でも困難な状態の中で、地区大会でも最高の結果を出した島の生徒達の活躍を称えたが、さらに地区大会で見えた「自信」が、次の活躍へと連鎖していくことが明確に表れた。人は、何か一つ自信を持てるものがあると、あらゆることに対して、こんなにも変わるものだと思った。

最終的に目指していたことは、長年苛《さいな》まれてきた劣等感・消極性・非社会性を解消し、自己肯定感・プラス思考・一歩踏み出す勇気と挑戦意欲・積極性を育てることであった。その威力は、小さなクラブ活動の「一つ勝つ」ことによる「自信」と「挑戦意欲」が、生徒達の内面を変えるほどのものであることを、試合を見て確信した。

4 結果としての小規模校の優勝は何を目指したものだったか

1 何を最終的に目指すのか――一歩踏み出す自信を育てるために

バレーボールの優勝は、それ自体が目的ではなく、単に勝利至上主義を推進していたわけでもない。優勝前年一九五八年の塩飽地区大会では各種目とも初戦で敗退し、「万年ビリケツ」との嘲笑をうけたことが、生徒を萎縮させ劣等感を増幅させたが、その克服の課題が第一である。閉鎖性の強かった当時の小手島の生徒達を育てる課題は、特に強い劣等感・引っ込み思案（消極性）・非社会性（挨拶、言葉遣い）・負け犬魂の改善であった。子ども達は中学卒業後には、島外での就職・進学も控えており、最終的には社会生活が円滑にできるように育てることが必要である。

社会生活に向けての課題は、塩飽地区大会でまず「一つ勝つ」ことによって「一歩踏み出す力」を経験すること、そして最終目標である「やればできる」という「自信」に繋げて、社会に送り出すことであると考えた。勝利自体が目的ではないため、たとえ負けても踏み出した手応えを得て、「自信」を高めることができる。その自信があらゆることにおける前向きさに変わっていく。

2　家事手伝い・クラブ活動の両立を保護者と一緒に検討したことによる共通の励まし

これまで毎年、塩飽地区大会一週間前に、メンバーの急編成をしていた。一人複数の競技種目に出て、にわか練習では、酷評される「万年最下位」からの脱出は難しかった。しかし、練習に時間を割こうにも、子どもの家事手伝いを不可欠とする島では、放課後のクラブ活動実施は、自給自足の小手島では死活問題であった。

保護者との話し合いを重ね、クラブ活動と家事手伝いの両立を検討した。すなわち、家業の手伝いを全部したあとにクラブ活動をするという両立案である。この点で保護者にも理解して頂いた。保護者と学校が一致したことによって、子どもの目標を地域も応援するようになった。地域も学校も応援する雰囲気が子どもへの励ましと勇気づけに繋がった。

3　家事・クラブ両立の約束を昼・夜忠実に果たした生徒達

家事とクラブの両立の約束は、生徒にとっては時間的にも精神的にも大変であるため早々に崩れるのではないかと心配したが、この心配は杞憂に終わった。実は当初、私は家事手伝いの疲れ・怠慢などから再登校しない生徒が続出し、男子（六名）の卓球、女子（九名）の九人制バレーボールの全体練習ができないのではないかと懸念していた。

しかし生徒達は、家事手伝いの一部を昼食に帰る昼休みに回すなど、生徒達の家事労働時間の工夫もあり、何としても皆と一緒にクラブ活動をしたいという団結の意欲が感じられた。家事労働にも熱心で、クラブ活動・勉強にも熱心で、生活態度も自己規律が高まってきていた。生徒達が変わり始めた結果、「小手島の生徒達にはできない」との長年の先入観を打ち破ることができた。勝利の背景には、こうした生徒の素直さと忍耐力と団結力がある。

5 中学校の県大会優勝が小手島にどのような変化と発展をもたらしたか

1 男子生徒の一勝効果と新たな漁業形態に一歩踏み出す力

（1） 男子の「一つ勝つ」だけでも表れた変化

男子の塩飽地区大会団体戦初戦突破、女子の香川県大会優勝は生徒の驚くべき成長と、島の変化をもたらした。

一九五九年の塩飽地区大会では、男子六名を卓球の団体戦と個人戦に振り分けて全員が出場し、いずれも初戦突破した。個人戦に出場した二人のうちの一人は決勝戦まで進んだ。男子生徒においても、やや消極的であった小手島の生徒達に「やればできる」感を意識させた。「一つ勝つ」ことを目的としたクラブ活動実施の自信の成果である。

元々「一つ勝つ」という小さな目標の実現を目指したクラブ活動の目的は、生徒の劣等感・消

小手島のこれまでの平船（1959 年）

小手島漁港の漁船群（1995 年）

多様化した漁業（タコ壺）

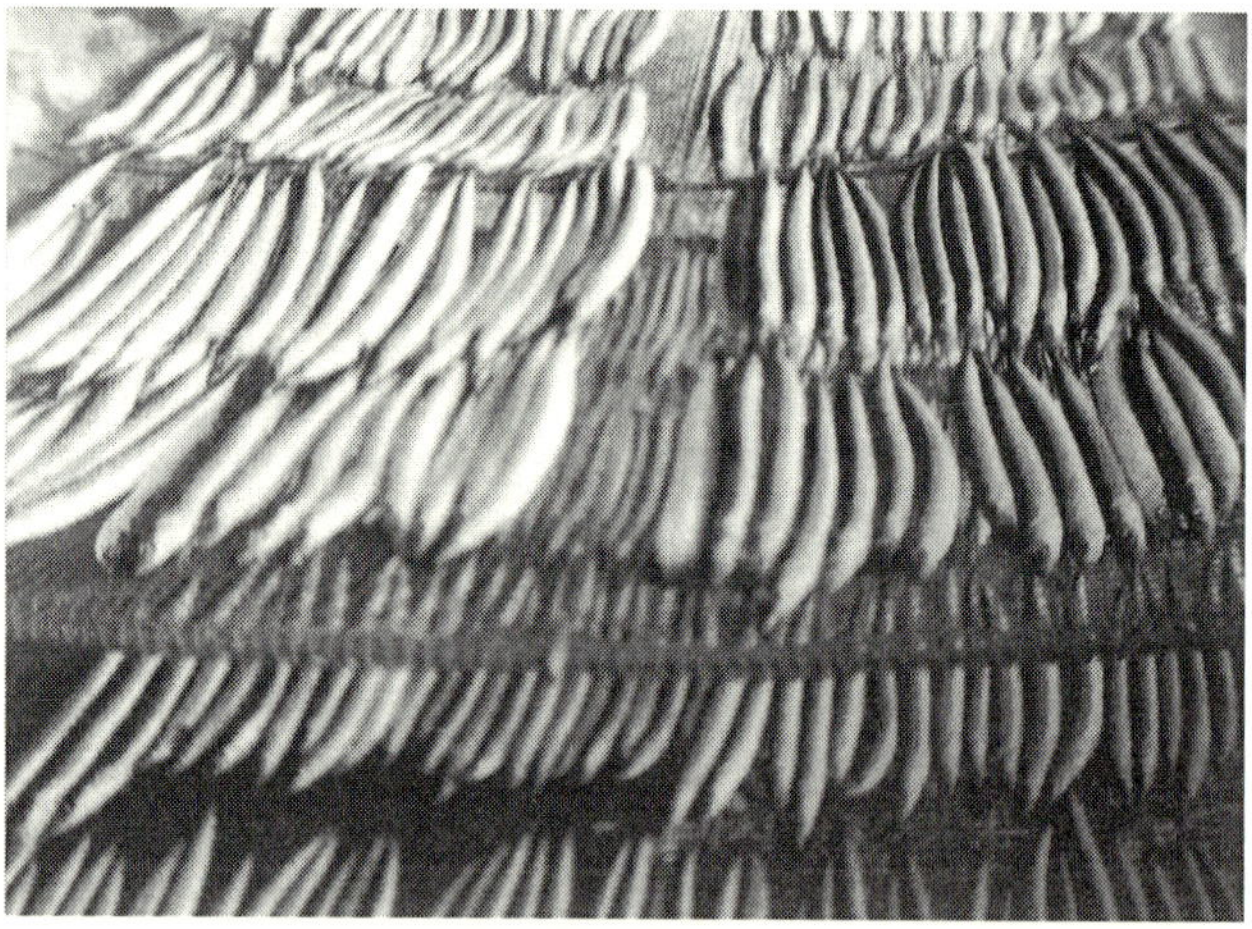

漁獲物の商品化

極性・非社会性を少しでも解消し、島外でも円滑な社会生活ができることを意図して実施したものである。念願の「一つ勝つ」ことで「一歩踏み出す力」が身に付き、新しいことに積極的に取り組もうとする「自信」と「挑戦」の兆しが見受けられるようになった。

(2) 卒業後にさらに明確に表れた男子の「挑戦」の変化

「一歩踏み出す力」の効果は、卒業後に明確に見られた。男子生徒六人の学年は違うが、各々がこれまで想像のできない前向きな行動に出ている。親から漁業を引き継いだ時、単に親の技能をそのまま継承するだけでなく、男子達はこれまでの零細な「平舟・櫓漕ぎ・一本釣り・沖売り」に見切りをつけ、一様に漁船を二、三トン級動力船に切り替えた。また蛸壺漁《たこつぼりょう》など多様な漁業にも挑戦している。これにより男子生徒達は遠方の好漁場で網による大量漁獲、加工商品化に転換した。多くの島の漁業が衰退している中で、小手島は香川県観音寺市の伊吹島の〝いりこ〟漁に次ぐ盛況を現出させた。

2 女子生徒全員の一丸となった団結力と精神力

(1) 小手島中学校女子生徒全員の一丸となった団結力が精神力を支える

塩飽地区大会では薄氷の勝利であったが、中讃地区大会では接戦ではあったものの、むしろ余裕の気持ちを持って優勝し、県大会の出場権を得た。素直な生徒達のたゆまない努力の成果である。

そしてさらに九人の女子生徒全員が、誰もレギュラーから外れることなく、一丸となって九人制バレーボールチームを編成したことは、誰一人排除しない一丸となった団結力となった。代わりの選手はいないのであるから、皆が皆のために一体となって頑張るしかない。この団結力が、一人一人の実力以上の力を生み出し、香川県塩飽地区大会で「一つ勝つ」という細やかな目標を実現できる条件となった。

(2) 小が大に挑み、諦めない守備力で見られた協働的なチーム力

明らかに「小」である小手島中学校の劣勢が予想されたが、試合が始まると小手島の選手は、味方がはじいたボールをコート外まで追いかけて返球した。味方のミスも相互にカバーしようとする協働的なチーム力である。そして相手方の鋭いスパイクをレシーブですくい上げ、巧みに相手コートの隙間にボールを落として得点を重ねた。それは見事なチームワークであり、皆が諦めないという団結力・チーム力であった。

県大会ではレシーブで鍛えた諦めない守備力、すなわち鋭いスパイクにも向かっていく抵抗力と広範囲をそれぞれが守る守備力がある。特に怪我と疲労防止のために取り入れた三人単位の交代制レシーブ練習が、一人一人の広範囲な面積を協働的に支え合うという守備力を高めた。誰もが自分の守備範囲であり、他の人に任せればいいという雰囲気ではなかった。そしてそれを相互

に補い合うことで、団結力も高まった。この型破りの協働的なチーム戦術が功を奏して、生徒達は身方のレシーブを補い合った。

これまでの大小のミスも笑顔で見過ごし、叱らない指導に徹してきたことが、ミスを恐れず最後まで球を追いかける生徒達の挑戦意欲とチーム全体の果敢な躍動を生み出した。

小さな学校の小さな生徒による県大会優勝は、「小が大を制する」ための守備力に特化した忍耐力、失敗を恐れないで臨む挑戦力、自信がもたらした安定した精神力、そしてチーム全体が協働的に補完し合うチーム力、の成果であった。

(3)　小島の評価を「ようやった」に一変させた転換と保護者の意識変化

塩飽地区大会を制し県大会でも優勝すると、小島の評価はさらに一変した。島々の巷でも、島通いの定期船の中でも「小手島の学校が、ようやったのう！」との会話が聞かれ、長年にわたって苦しんだ小島の屈辱の歴史が大転換した。諸島の中でも、他島が小手島を対等の存在と認めた意義のある優勝となった。

小手島中学校の県大会優勝は、保護者による生徒への評価も変え、家事手伝いにこだわっていた保護者の子ども理解に繋がった。保護者は子どもの意向を尊重し自立と主体性を応援するようになった。進路の希望に対しても新たな一歩を踏み出すことを応援するようになった。

3　島で初めての高校進学希望者の出現と高校進学に向けた夜間授業

県大会優勝によって育まれた自信は、高校進学にも表れた。夏以降女子の中に高校進学希望者が出た。そして小手島中学校から初めての高校生（公立・私立各一名）の誕生となった。

これまで、高校進学を阻んできたのは、交通困難なへき地性と閉鎖性、自給自足経済と平舟一本釣りの半農半漁の経済、そして複々式授業である。小手島の複々式授業では、一人の教員が一つの教室で全学年授業を同時に行っていた。そのため一年間のそれぞれの科目の進度は三分の一に留まり、学力を著しく低下させてしまう。

私の夜間授業では、元々社会生活で必要とされる基礎学力（読・書・算）の向上を目指していたが、高校進学希望者が出たことで、進学希望者に対する五教科（国・英・数・理・社）の補講と他の生徒に対する基礎学力向上策の二本立てで行った。翌日の三学年・六時間分一八冊の教材研究（教科書の下調べ）を深夜にローソクを立てて行うことも日課となり、連日過酷な教材研究は続いた。しかし生徒達の勉強への前向きさと挑戦意欲が、教師の踏ん張る気持ちを支えてきた。

4　就職して島外へ出ることの良さと過疎化との葛藤

生徒達にとっても、優勝までの道のりは平たんではなく様々な課題や困難をのりこえて、レジリエンス（回復力）を高めたものである。乗り越えようとする姿勢は、就職先にも影響していた。

生徒達の中から高校進学希望者が出たが、さらに就職で全員が島外に出ることを希望するようになった。実際に女子生徒は、学校事務職員・香川相互銀行・倉敷紡績・松下電器実業団などに就職した。

島外に進学・就職することは、島にとって長期的にプラスかマイナスかの逡巡はある。島から生徒達が出ることは島の後継者不足や過疎化をもたらすことになるかもしれない。自分では良かったかどうかは判断できないが、当時の卒業生と会った時に、卒業生にとっては島を出て行く自信ができ、島外に出ることがマイナスにはなっていないと断言してくれた。

5　やがて女子全員が就職・進学で島外へ出る初めての出来事

県大会に出場した女子九人中、高校進学者二人を除く残りの七人が、大阪・岡山・丸亀に就職した。優勝したメンバー全員が就職と進学で島外に出るのは島の歴史上、初めての出来事となった。中学卒業時に海原を越えるのは、大変な勇気が必要だったに違いない。

対外試合を通じて、小手島特有の消極性も克服し、そして島外の人との挨拶や適切なコミュニケーションをする機会が増えたことが、島外への道を開いたのだろうか。都市部から見て遅れていた島の経済と文化も向上し、格差の縮小に役立った。

6　開墾による土色から雑木が生い茂る青い島へ

一九五九年の県大会優勝メンバー女子九人全員がこぞって島を離れたことを契機として、それ以後も島離れが続出した。子どもも現在まで減り続け、生徒数ゼロの年度もしばしば見られ、チーム編成が困難になっている。

島から離れた人達もいずれの日か島に戻るかもしれないが、まず島から出る背景にあるのは、高度経済成長下の当時の就職後の現金収入の魅力である。島内では販売していなかった食料品・衣料品等の必需品や身の周りの必要品が自由に購入できる便利さもある。

当時一旦島外に出た若者が、島に帰ることに躊躇したのは、当時の動力・運搬手段（車）のない重労働の畑仕事、一日四時間だけの点灯、坂道の水運びなどの不便さ、医者のいないことの不安などであった。

小手島は、かつて、雑木林・生活道を削ってまで畑に開墾し尽くされた、「土色の島」であった。だが、小手島は若者の島外への流出と残った親達の高齢化によって農業の担い手がいなくなってきた。やがて耕作放棄地が拡大し、竹林・雑木が生い茂り、「土色の島」から

小手島の世帯数と人口変化

	世帯数	人口	備考
1949（昭和24）年	53世帯	305人	
1959（昭和34）年	54世帯	303人	
2013（平成25）年	20世帯	45人	男23人・女22人
2023（令和5）年	18世帯	35人	男20人・女15人

青々とした「青い島」に変身していった。これは全国的に起きてきた都市と農村の二極化の問題である。「青い島」はある意味では過疎化の結果でもあり、青い島になることは良かったのかどうか。

7　畦道から幅広道への変身

耕作放棄地が島全体に広がると、各家から港まで広い道路が縦横に作られた。現在、ほぼ全戸が車を持ち、フェリーに乗船して市街地で必要なものを購入できるようになった。近年赴任する教員も自宅から、寝具・食料品を積み、島の教員住宅まで一挙に運べるようになった。当時布団など大きくて分割のできない重い荷物を、畦道、坂道を喘ぎながら運んだことは、今は昔の物語となった。

小手島港から学校までの 1958 年時の最も広い道路
木下監督とここを歩いた。現在は木柵がつけられた。

小手島の開拓記念碑

第四章　「なつかしき笛や太鼓」映画化に至る経緯
――木下監督との出会い

[1]　木下恵介監督が一地方の大会の結果をなぜ知り得たのか

1　木下監督の香川県再訪問の目的は

一九五四年に公開された木下恵介監督・脚本の映画「二十四の瞳」の興行状況について関係者と懇談するために、木下恵介監督は一九五九年に香川県教育委員会を訪問した。

木下恵介監督は、香川県教育委員会が、映画「二十四の瞳」を「教育映画」に指定したことに対する関係者への謝辞を述べた。その際に木下監督は、次期製作映画の取材の想いを語り、香川県教育委員会に紹介できる学校はないかを打診したそうである。

当時は、学力の高かった香川県内[*]に、学力向上のために特別な方策に取り組む学校があるのではないか、あるいは生徒の問題に体当たりで挑む熱血教師がいるのではないかと、木下監督は教育スーパー校と奮闘する一教員の人生を描く構想を語っていたようだ。

その際に香川県教育委員会からは、小手島中学校のバレーボール県大会優勝の話を紹介されたそうである。

＊一九五〇年代後半以降の香川県の学力の高さ
一九五六年から始まった全国学力調査が、小中高校生を対象に抽出調査で行われた。香川県は四七都道府県で常に上位に位置し、全国から注目されていた。全員調査になった一九六一年から一九六四年までは、香川県は中学二・三年生で全国総合一位となった。香川県内の中学校には、全国から教育関係者の視察が相次ぎ、教育フィーバーが起きていた。

2　木下惠介監督が「小手島」に辿り着くまでの過程

(1)　希有な「小手島中学校の優勝」を香川県教育委員会から知らされる

もともと木下監督は「学力日本一」に貢献した特色ある学校を取材する予定であったようだ。

一方香川県教育委員会からは、逆境の中で「香川県中学校バレーボール大会」で優勝した小手島中学校の希有な奮闘＊と特別表彰＊＊を考慮中だと知らされ、紹介された。香川県教育委員会の特別表彰は、単に優勝の表彰状ではなく、逆境の中での奮闘に対する特別な表彰である。

木下監督は、一九五九年当時の新聞も見て、小手島中学校はどのような島なのか、映画化する価値はある島なのかを調べていたそうだ。

＊小手島中学校優勝の希有な奮闘
・香川県一の小規模校（全校生徒一五人）
・香川県最高度のへき地校（四級）
・女子生徒全員（九人）が選手で補欠者なし
・体育館のない貧弱な野外施設
・ただ一人の若手教員による指導
・バレーボール経験と技術の専門性のない指導
＊＊香川県教育委員会の特別表彰
貴校は海上へき遠の地に位置し教育上諸般の制約を受けているにもかかわらず学校体育に精進し特にバレーボール競技において香川県第一位の成績を得たのでその成果をたたえて表彰する
昭和三四年一一月一八日
香川県教育委員会教育長
久保田英一

2 木下監督との最初の出会い——木下惠介監督はなぜ小手島に来たのか

1 木下監督の小手島初来島と初面会

小手島で唯一、島外との通信手段である電話機が浜辺の民家に設置されている。夏休みの当直を利用して、私費で購入した「優勝記念桜」（三六ページ写真参照）の植樹作業中、一人の生徒が息咳き込んで海抜六五メートルに位置する学校まで駆け上がってきた。

「木下という人から電話がかかっている、玉井先生すぐ降りて来て下さい」と言うのである。受話器で応対すると、「松竹の木下です、香川県大会で優勝した時のバレーボール部の監督さんは今日おられますか」

「はい、監督は私です。玉井と申します」と答えた。

「実は定期船が小手島に着かないことが分かったので広島（丸亀沖の島）の『青木港』で下船しました」「何としてもお会いしたいので、漁船の持ち主とこれから交渉します」とのことだった。浜辺で待つこと三〇分、木下監督と義弟・楠田浩之氏の二人を乗せた漁船が到着した。港から五〇〇メートルの急坂道を、私玉井が先導し、休んでは瀬戸内海の風景と周辺の島々を説明しながら、ゆっくりと登った。

木下監督は「瀬戸内海は本当にきれいですね」と風光明媚な瀬戸内海を讃えた。しばしば足を止めて、波静かな銀色の海面にいる、まるで影絵のような船舶を見入っていた。木下監督は、瀬戸内海の風景を「なつかしき笛や太鼓」の脚本の中で次のように記している。

「瀬戸内海に訪れるたびに、私はこの風景の中にこそ私があると思う。私は、海と空と、広く優しく、しかし強い想いを秘めている、安らぎが好きである。

瀬戸内海は、まるで田舎ではない。それどころか、私の知っている南フランスや、南イタリアの海に似ている。行き交う大小さまざまな船の華麗なる色彩。住む人もまた、色彩豊かな心情に息づいている。」

学校到着後は、まず私玉井が私費購入した一〇本の優勝記念桜の穴掘り現場（校庭裏）に案内した。教頭が出て来て、「こちらが今回の県大会で優勝された指導者の玉井先生です」との紹介を受けた。

2 木下監督と談笑しながら登った小手島の幹道と木下監督の散策

(1) 木下監督の小手島初上陸時の最初の会話

木下監督と義弟・楠田浩之氏が初めて小手島に上陸し、山頂の小手島中学校を訪問された日は、一九五九年八月下旬であった。木下監督から次々と出される質問の意図は、次期製作映画の構想と取材であることが窺えた。

木下監督が来られた時は、ちょうど私玉井が一週間の当直を利用して、私費購入の桜を植樹するための穴掘り作業中であった。木下監督に案内した「優勝記念桜を私費で植樹をする理由」については、桜を、劣等感に苛まれた生徒達が優勝によって「自信」と「やればできる」という「一歩踏み出す力」を培った永遠のシンボルにして欲しいとの目的での植樹であることを説明した。教師が去っても、桜は何十年も残っている。

また「三〇センチの深掘りが、なぜ必要か」について、海上から吹き上げる強風で倒れる恐れがあること、水のない島のため浅堀りだとすぐ枯れることを説明した。「植樹の一〇か所の深堀りに費やした日数」については、足場のない急斜面のため、深堀りは困難を極め、当直日数の一週間を費やしたことを説明した。木下監督からは出身地、静岡県浜松市の「舘山寺桜」の説明があった。

校舎やコートを案内した時、木下監督から「これはひどいですね、この状態で優勝したことが信じられません」との言葉が聞かれた。当時の小学校の教室が三教室（一・二年、三・四年、五・六年の複式授業）、中学校が一教室（一・二・三年の複々式）の授業、凹凸のひどいコート、傾いたポール、穴だらけの破れたネットを見て漏らした言葉である。

(2) 次回の来島を約束して

木下監督を見送る為に浜辺まで私玉井が同行した。漁船に乗り込む前に木下監督から「今回、お陰様で、島や学校の状況がよくわかりましたので、次回は貧弱な施設の中でどのように苦労して優勝したのかを聞かせてください」との話があった。

木下監督は、「九月中旬に京都に来る予定があるので四国まで足を延ばします」「練習や試合中の写真があれば見せてください」とのことだった。次回、九月中旬の再会を約束し、浜辺で待機していた漁船に乗り込み、舟が遠くになるまで手を振って見送った。

3 木下監督の二回目来島と一教員への取材から見える木下監督の意図

木下監督の一九五九年九月の第二回目の来島は、前回の義弟・楠田浩之氏（音楽担当）ではなく、山田助監督が同行していた。これは映画化に一歩踏み込んだ姿勢を示している。教頭に「木下監督が映画化を目的に取材に来ました」と報告した。

監督が来た時に、学校管理職が説明した。その説明途中で監督は、学校を離れることになった。船着き場まで同行した玉井に対して「玉井先生から直接、優勝までの手法と苦労を取材したかったです」「何としても先生からお話を聞きたいので次回、丸亀市内でお会いできませんか」とのことだった。私は、「一週間ごとの土曜日に四時限の授業を終えてから乗船します。丸亀港に着くのは、五時半頃です」と伝えた。

木下監督が一教員の取材を深めたいと思ったのは、有名人や偉い人ではなく、むしろ名もなき人達の奮闘を取りあげたいと思っていたことが理解できた。

4 木下監督との三回目の丸亀市での対談——優勝に向けた大きなストーリーの把握

一九五九年一〇月上旬に、木下監督と対談することとなった。一週間の勤務を終えて、土曜日の夕方に船で丸亀市に戻る時に、木下監督は、先に丸亀港に来ていて、丸亀港で私を出迎えて下さった。丸亀市通町のなじみの飲食店に向かい、飲食店の了解を得て、店内の片隅に席を取り付けて長い間対談した。

木下監督からは、長い時間色々な生活や教育活動の質問をして頂いた。その時に質問のやりとりの中から、木下監督の中では、大きなストーリーができあがっていたような雰囲気であった。様々な話をさらに突っ込んで聞きながら、全体の脚本の流れを考えていたようだ。木下監督からはモリソン製の珍しい高級ボールペンを頂いた。

3 映画化の決定と中断・再開の経緯

1 映画化の開始・中断と東宝映画での再開

一九六〇年四月に玉井は、満濃（当時）町立満濃中学校に転勤したが、取材は続いた。木下監督は「香華」（一九六四年公開）のヒット作の後に、松竹との関係が悪化して松竹を一九六四年に退社したと

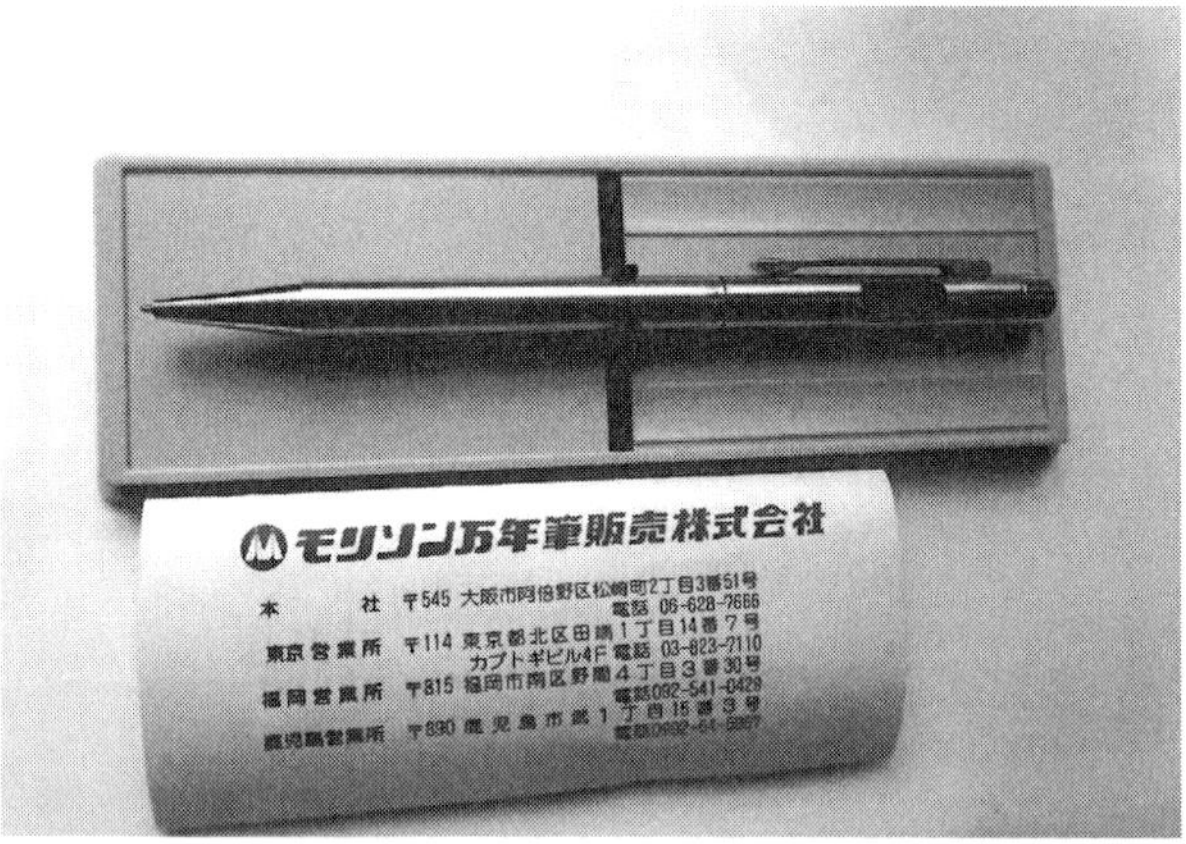

木下惠介監督より頂いたボールペン（日付・時計・秒の機能付き）

うかがった。松竹の映画として準備されていた「なつかしき笛や太鼓」のロケは、一旦中断することとなった。

その後当時の金子正則香川県知事と堀家重俊丸亀市長が木下恵介監督にロケの再開を陳情した。それを受けて「東宝株式会社」が配給を引き受け、ロケが再開された。一九六六年には「なつかしき笛や太鼓」の映画の撮影が開始された。

2　映画「なつかしき笛や太鼓」の制作

（1）　東宝映画三五周年記念映画としての製作

映画は東宝創立三五周年記念映画として製作することとなった。木下監督にとっては「松竹」を離れた第一回の他社作品である。

映画は、美しい瀬戸内海の風景とそこに住む純朴な子ども達の活動を描く教育映画となっている。そのため文部省特選映画として位置づけられていた。退廃的な映画への批判として、木下監督いわく、「製作をすることの素朴な喜びを忘れた日本映画への私の不敵な体当たり」になっている。

（2）　題名・音楽の由来と中心的内容

①題名：手島の郷土民謡の笛や太鼓をヒントにしたとしている。

②音楽：手島の金之亟《じょう》踊りをヒントにしたとしている。

③内容：当初無気力で劣等感の強い生徒達が、若い教師の情熱と人間愛や島の住民の期待に育まれて、バレーボールを通じてたくましく生きる喜びを知った経過を中心的な内容とする。

3　映画製作関係者

①脚本・監督　木下惠介（一九一二〜一九九八）　静岡県現・浜松市生まれ、前・浜松工業学校、オリエンタル写真学校を経て松竹蒲田撮影所に入所。中国を転戦し、病のため復員。「二十四の瞳」「喜びも悲しみも幾歳月」等の代表作がある。文化勲章受章（一九九一年）。

②音楽担当　木下忠司（一九一六〜二〇一八）　木下監督の実弟。前・武蔵野音楽学校卒業後応召。敗戦後、松竹に入社。兄製作の映画音楽を多く作詞作曲。代表作に「喜びも悲しみも幾歳月」「水戸黄門」がある。

③撮影担当（撮影技師）楠田浩之（一九一六〜二〇〇八）　木下惠介氏の義弟（脚本家、楠田芳子の夫）、現・東京都出身。木下監督の希望により、多くの木下作品の撮影を担当。

④メインキャスト［1］　夏木陽介（一九三六〜二〇一八）「家田　徹」役。本名　阿久沢有、現・東京都八王子市生まれ。明治大学在学中にスカウトされて東宝に入社。夏木プロダクション元・社長。「なつかしき笛や太鼓」「青春とは何だ」の主演。

⑤メインキャスト［2］　大空真弓（一九四〇～生存中）「小西道子」役。本名　中田佐智子、前・東京市赤坂区生まれ。東洋音楽短大中退、新東宝に入社。「なつかしき笛や太鼓」「がらくた」などの共演がある。

4　映画の山場

①塩飽地区大会の試合の場面（三八分）

スポーツ映画ではないが、「なつかしき笛や太鼓」の中で、試合の場面に長い時間をとっているのは、その中に様々な困難を克服する小手島の要素が散りばめられているからである。

②若いバレーボール監督の小手島との別れ

生徒の奮起を促す要素の一つは教師と生徒の関係である。教師は生徒を勇気づけるきっかけを作り、親や地域住民など様々な人達が子どもの成長に向けて一体となっている。見送り場面の中で、教師・学校・保護者・地域住民が一緒

県大会決勝戦　向こう側が小手島中学校

にいるのは、学校と地域が一体となっている
ことを表している。

実際に私玉井も離任時に約一五〇名の地域
住民に波止場で見送って頂いた。島の人達の
多くの見送りは、島の人達の温かい雰囲気を
映し出しており、私もいつもそれを感じてい
る。

映画解説 映画の冒頭は、若い教師を多くの
島民が見送るシーンから始まってい
る。

4 「なつかしき笛や太鼓」丸亀市ロケの状況

1 撮影開始のスタッフと特別出演

①ロケスタッフは四四人で丸亀市に分宿した。

小手島との別れ（突提に 150 人の見送りを頂いた）

撮影は「天候を見て撮影を判断する」（楠田浩之氏）ことにしていた。

②特別出演者

堀家重俊・丸亀市長（映画冒頭で小手島突堤から先生を見送る漁師役）

神原進・丸亀市立城坤小学校校長（審判役）

丸亀東中学校・丸亀西中学校のバレーボール部部員

なお私玉井も、一九六六年一一月二日に木下監督から審判役の出演を依頼されたが、現任校の年度末等の職務も多いので、残念ながら辞退した。

③撮影場所　小手島、丸亀市丸亀城内テニスコート、広島、瀬居島

2　試合中の観戦エキストラ

丸亀市内の小手島中学校・手島小中学校・丸亀東中学校・丸亀西中学校・城西小学校・城乾小学校・城北小学校・城坤小学校の各児童・生徒が、試合中の観戦エキストラを担った。

3　映画後援と上映場所

①後援　香川県・丸亀市

②映画上映開始　一九六七年九月三〇日　上映時間一一四分

③丸亀市の上映映画館　世界館、帝国館、地球館、蓬莱館、日本劇場、春日座、岡田劇場、中座、坂本劇場、島田劇場

5　映画「二十四の瞳」と「なつかしき笛や太鼓」との関連性

1　木下監督が目指したもの

木下監督が金子香川県知事に話した時の言葉は、「『なつかしき笛や太鼓』は、『二十四の瞳』の男性版として製作するつもりです」でした。

「二十四の瞳」と「なつかしき笛や太鼓」との関連性

映画名	「二十四の瞳」	「なつかしき笛や太鼓」
監督・脚本	木下惠介	木下惠介
教育映画推薦	知事特別推薦	文部省特選
地域特性	瀬戸内海のへき地（分教場）	瀬戸内海のへき地（旧分校）
中心教師	若い女の教師	若い男の教師
児童生徒数・規模	児童一二人のへき地校	生徒一五人のへき地校

「農山漁村の名が全部あてはまるような、瀬戸内海べりの一寒村へ、若い女の先生が赴任してきた」

これは、小説「二十四の瞳」の冒頭に出てくる言葉である。「二十四の瞳」と同様に、「なつかしき笛や太鼓」も瀬戸内海の寒村で若い男の先生が赴任している。

2　香川県小豆島舞台の映画「二十四の瞳」で描いた新卒教師の姿

木下恵介監督の教育映画で、島の教師と住民の姿を取りあげたもう一つの映画としては、有名な「二十四の瞳」（一九五四年公開）がある。これは、香川県小豆島出身の作家壺井栄が発表した小説「二十四の瞳」を原作にしたものである。「なつかしき笛や太鼓」との類推比較の意味で、映画「二十四の瞳」も紹介しておきたい。

「二十四の瞳」は、戦前・戦後の香川県小豆島のへき地校である「岬の分教場」（苗羽小学校田浦分校）を舞台としている。映画の主人公は、地位が高い学校管理職ではなく、新卒女性教師（大石先生）である。

女性教師は、女学校を出たばかりの新卒教師で、一二人の子ども達の瞳の輝きに希望を持って赴任した。女性教師は子ども達に慕われていたが、子ども達がいたずらで作った落とし穴に落ちて、アキレス腱を切ってしまった。女性教師は自転車にも乗れなくなり、転勤を余儀なくされた。しかし、女性教師の子ども達への愛情は変わらず、子どもを育む教師として戦争に子ども達を送り出すことに迷いを感じる。

女性教師が子ども達に「将来の希望」という作文を書かせた時に、貧しさの中で修学旅行も行けない子どもが、自分の将来は書けないと泣きじゃくっている。それに対して、女教師は、「あんたが苦しんでいるの、あんたのせいじゃないでしょう」と声をかけている。そして映画の中では、国全体が太平洋戦争に突き進む中で、教え子に「名誉の戦死なんかしなさんな」と潜めた声でつぶやいている。

国家・社会の大きな流れと個人との狭間で揺れる生き方をとらえている台詞である。個人の揺れ動く感情から社会の課題に迫る木下監督の映画信念と生き方の現れであろう。

戦争に子ども達を送り出す矛盾を感じていた女性教師は、再会を約束して、子ども達の卒業と共に、一旦教職を去り、戦後に再会を果たす。再会時には、戦争や病気で亡くなった子ども達が六人いたが、生き残った六人の子ども達と再会した時も、教師の子ども達への愛情と子ども達の教師への信頼感は変わらなかった。

この「二十四の瞳」の中でモデルとなったのは、普通の一二人の子ども達と教師であり、素朴な子どもと教師の信頼関係が描かれている。ここでも木下監督は、名もなき小さな分教場に関わる新卒教師と島の人達を対象とした。そして新卒女性教師の日常的な子ども達や地域の人達とのやりとりから生じる苦悩と葛藤を描いている。昭和の歴史を背景に、大石先生と一二人の教え子の約二〇年の生活を描いた物語である。瀬戸内海の小島ののどかな風物と人情をユーモラスに描きながら戦争のもたらす不幸、貧しい者がいつも虐げられていることへの怒りを訴えている。

このように木下恵介監督の作品は、大きな歴史の流れの中で翻弄される小さな人間の心の葛藤や変化など生身の人間の姿をそのまま描くことを信条としている。「二十四の瞳」映画ロケ地の岬の分教場は、現在も香川県小豆島田浦地区に観光地として保存されている。

「二十四の瞳」映画	原作　壺井栄著『二十四の瞳』一九五二年刊
一九五四年製作映画	木下恵介脚本、木下恵介監督、高峰秀子主演
一九六二年製作映画	木下恵介脚本、浅間義隆監督、田中裕子主演

6　おわりに——小島の満天に星は輝くことを実感したこと

一九五九年当時の小手島は、自家発電電気のために、すべての電灯は二三時に停止されていた。それ以降の時間はローソクの灯はあるが、室内灯・街灯もなく真っ暗闇である。その中でも見える星は非常に美しかった。テレビもレコードもない島では、夜空の観察は、疲れをいやす唯一の夜の娯楽である。

そんな時に光り輝く星の一つに金星がある。金星は、太陽と月を除く全天（満天）では一番明るい星である。日没後、金星は、西の空に見える「宵の明星」、日の出前に東の空に見える「明けの明星」として輝いている。古来より世界では金星は「豊穣の神」として崇拝されている。金星は、小手島の上空でも輝いていた。そして、小島の満天に星は輝くことを実感できた。

小手島中学校の県大会優勝は、圧倒的に劣勢であったチームが勝つという、金星《きんぼし》であり、私から見ると夜空に輝く金星と重なって見えた。そしてこの金星《きんせい》は、永遠に手が届かない遠くの果てにあり、輝き続けている存在である。生徒達の奮闘による金星《きんぼし》も遠くの目標に向かって前に進んでいく象徴でもある。小手島中学校の満天に輝く金星は、単に優勝したことに留まらない島全体の輝きをもたらした。

優勝という金星がもたらしたことは、一つは当然生徒の自信と積極性である。やればできるという自信が育んだ自己肯定感は、あらゆることに一歩踏み出す力となっている。そして一歩踏み出す時は、自分で担うという自立心が高まっているということを意味する。自分の責任において踏み出す時は、少々の困難があっても挫けない力ややり遂げる力が求められ、またその力が併行して高まるものである。

実際に優勝時の三年生の卒業後の進路からその後の大きな変化が表れた。優勝した女子九人のうち二人が初めて高校に進学し、七人が島外に就職した。九人全員が進学・就職で島外に出ることになった。その意味では、自信と積極性を発揮し、新しい自立の道を歩み始めたと言える。

男子生徒六人も「一勝効果」は大きく、それまでの自信のない雰囲気とは打って変わった。男子はそのまま家業の漁業を継いだが、漁船は、平舟・手こぎ・一本釣りの漁業から、エンジンつきの漁船に切り替え、トロール漁業で漁法を近代的に更新した。これにより、漁獲物の急速な商品化が進み、経済的にも大きく発展した。

生徒達の変化は、島全体の変化をもたらした。地域の人が次代を担う子ども達の自立を応援し、子どもが目指す新しい取組を応援するようになった。すなわち、古い時代の技能を子ども達にそのまま伝承するだけでなく、子ども達の新しい発想・技能を地域の人達も受け入れるようになった。

学校と地域のつながりも一層強くなり、学校も地域全体の発展に貢献できるように取り組み、地域住民も学校の発展に協力するようになっていった。これらの取組の中で、小手島の過疎化は相対的に抑えられており、面積が最も小さい小手島であるが、人口減少率は少なかった。

どんな逆境にあっても、子ども達は自信を持てることがあれば、それをバネに「今度もやってみれば乗り越えられるのではないか」という挑戦意欲も高まっていく。人の能力も最初から大きなことができるわけではなく、小さな自信と新たな到達点を繰り返しながら、できることを一つ一つ増やしていくしかない。小手島中学校の「一つ勝つ」という小さな目標は、小手島にとっては大きな金星であり、その後の人生を自分で切り拓く力となっていった。この自信を持つこと、自信を持たせることは、時を超えて普遍的な人の成長の真理であろう。

小手島中学校の金星を取れたのは、生徒達を含めてやはり小手島全体の住民のお陰である。島の生計を立てるために子ども達は親を手伝う働き手であるにもかかわらず、親や地域住民は放課後のバレーボール練習を温かく見守って下さった。それは新卒教師である私玉井の励みとなり、自信となっていった。教師は生徒に自信を与えようとしていたが、生徒の踏ん張りは、教師に新たな自信を与えていた。そして学校・教師や生徒を支えていたのは、地域住民であり、島全体が学校関係者に意欲と自信を与えていた。

島の学校・教師への支援のあり方は大きく、私の急病時の嵐の中の緊急搬送や生活支援、そして子ども達への愛情と学校支援、クラブ活動への理解と支援など、あらゆることに関する島の人達への感謝は六〇年経った今でも忘れていない。小手島の地域の皆さんには、心からの御礼の気持ちだけを抱き続けている。

第五章　インタビューや写真から見た当時の映画の背景

[1]　映画に関する玉井正明へのインタビュー

以下の記録は、一九六八年の私玉井正明への映画に関するインタビュー記録である。映画上映時の勤務校である香川県立琴平高等学校生徒会と放送部が、映画の登場人物のモデルの一人である玉井に、「なつかしき笛や太鼓」の映画制作の様子をインタビューした応答の記録である。当時各小・中・高校では、各校ごとに上映されていたが、高校での上映会を行った後に、勤務校の生徒会が中心となって私玉井にインタビューを行った。

インタビューに答えているのは、玉井である。

故・玉井正明への映画に関するインタビュー（一九六八年）

Ｑ　聞き手　香川県立琴平高等学校生徒会
Ａ　語り手　玉井正明

Ｑ１　「なつかしき笛や太鼓」の舞台のモデルとなった香川県小手島は、どんなところですか。
Ａ　塩飽諸島一角の小手島は、香川県よりもむしろ岡山県に近く、丸亀港から北西海上の一五キロの地点にあります。丸亀港を出た巡航船が三つの島の港を経て小手島に到着するまでに二時間弱かかります。それも一日おきにしか船が寄港しないので（当時）、香川県内有人二四島の中でも交通の不便な島の一つです。面積は〇・六三平方キロで、人口は一九六八年時点で五八世帯二四二人です。生業は半農半漁で、漁業はイカナゴ・タコ縄・底引き網が中心で、農業は畑作のみで、香料用のゼラニュームと蚊取り線香原料の除虫菊が栽培されています。
Ｑ２　小手島中学校はどんな学校ですか。
Ａ　小手島中学校の全生徒数は、一九六八年現在は男子七名・女子一五名の二二名が在籍していますが、一九五九年の私の在職当時は男子六名、女子九名で、バレーボールの一チーム（九人制）の編成がやっとでした。生徒数に比例して職員数も少なく、小中兼任の校長先生と教頭先生と教諭が一人で、合計三人です。授業は教諭が担いますが、一年生から三年生までを合併して行う複々式授業で実施する場合がほとんどです。そのため、各学年九科目ずつ、二七冊の教科書を抱えて授業に向かっていました。

Q３　映画の中では電気・水道がないシーンもありましたが、どんな状況だったのですか。

A　電気は、一九六六年四月一日から本土より送電されるようになりましたが、一九五九年当時は、自家発電でしたので、夜二三時までしか電気が使えず、二三時には真っ暗になります。また水道がなく井戸も少ないので、谷間にある共同井戸まで一日に何度も水くみのために山を登ったり下りたりしていました。島内では平坦な道もないので、自転車も使えず、すべての移動と運搬は人力に頼っています。

Q４　撮影場所と撮影時期はいつですか。

A　小手島を舞台にした「なつかしき笛や太鼓」は、撮影場所も小手島が中心です。さらに試合を映した丸亀市の丸亀城城内コートで撮影されています。また映画の中で、一部丸亀市立広島中学校が映っています。

撮影時期は、昨年一九六七年三月から六月です。百花繚乱《ひゃっかりょうらん》の四月に重点を置いて、桃・桜・

除虫菊が咲き乱れる美しい光景が多く撮影されています。四月末には、小手島全体が除虫菊の花が咲き誇り白一色となります。

Q５　東宝映画で制作されるまでの経過を教えて下さい。

A　木下プロと東宝映画の提携で「なつかしき笛や太鼓」が制作されました。元々一九六五年四月から松竹が木下恵介監督の下で撮影を開始していました。しかし、映画会社の諸種の事情で、途中で断念しました。その後香川県知事や丸亀市長による撮影再開の強い要請があり、東宝映画が引き受けて完成したものです。一度断念した作品に再度取り組み、東宝三五周年記念映画として世に問うたものです。

一度断念した作品に再度取り組んだのですが、その時は教育界を挙げて取り組む雰囲気がありました。木下監督は、当時の退廃的な映画が氾濫している日本映画界に対して怒りを持っており、その怒りを爆発させた作品としてとらえることが重要です。

Q６　制作費用はいくらでしたか。

A　一億四〇〇〇万円をかけています。最近の退廃した映画は二〇〇〇万程度です。木下恵介監督は、しっかりとした映画を作るという方針を堅持しています。

Q７　出演者はどこの人達ですか。

A　俳優は、主演の夏木陽介さん、大空真弓さんや、藤原釜足さん、浦辺粂子さん、小坂一也さんなどです。私は撮影には全部立ち会いました。私玉井にも審判役で出演してみないかという話もありましたが、現任校で学年末から年度初めの忙しい時でもあったので辞退しました。

丸亀市の地元からは、堀家重俊丸亀市長が、漁師の役割で防波堤の上でワンカット出ています。丸亀城内コートでの試合の場面では、丸亀市立城坤小学校の神原進校長が審判員として出ています。その他、丸亀市役所の職員四〇名、小手島中学生一七名、手島の小中学校から五六名出ています。

映画の試合の場面で小手島中学校と対戦する選手として出演しているのは、丸亀市立東中学校と、丸亀市立西中学校のバレー部員ですが、「馬込島中学校」「神部島中学校」という架空の学校名を使っています。

Q８　客席の応援団はどこの生徒で、撮影日はどんな様子でしたか。

A　丸亀市立東中学校と丸亀市立西中学校から一五〇名位ずつの三〇〇名です。また丸亀市内の城西小学校・城乾小学校・城北小学校・城坤小学校の四つの小学校から一八〇名ずつ、延べ七二〇名が出ています。

丸亀城内コートでは、日曜日ごとに五回に分けて撮影しました。子ども達は日曜日だというのに半日以上、コンクリートの応援席に座って声を出したり拍手したりして撮影に協力していました。子ども達がもらったのは牛乳とパンだけですが、俳優の顔が見られるのと、ロケーションが珍しいので、誰一人不服を言う者はなく、むしろ楽しそうでした。

Q9　ロケーション中のエピソードは何かありますか。

A　撮影を始めて間もない頃、大空真弓さんがジンマシンのため数日休みました。「はしかだ、はしかだ」とひやかされていました。本人も「はしかだなんて嫌だわ」とやっきになって否定していました。

笛や太鼓のお囃子は、木下忠司さんが、この映画のために作曲したものです。テープに吹込んで漁船に積み、拡声器で流しながら撮影録音しました。

四隻の漁船は、小手島の人達が寄贈した大漁旗をいっぱいにつけて、全速力で走らせました。テストテストの繰り返しで、キャストはすっかり船酔いしてくたくたになっていました。この場面は、映画ではわずか五分ですが、撮影では三時間以上かけていました。

ロケスタッフは四四人ですが、木下監督が坂出市に宿泊した以外は、他のスタッフは丸亀市内の旅館に分宿していました。小中学生のサイン攻めには、さすがにベテランスタッフも悲鳴を上げていたようです。

Q10　映画化のきっかけは何ですか

A　木下惠介監督は、香川県小豆島を舞台に制作した「二十四の瞳」の謝意を述べるために、香川県教育委員会を訪問されていて、その時に小手島の話を聞いたとうかがっています。

当時、全校生徒十数人の小さな島の学校の生徒が、千数百人の生徒数を持つ高松市立光洋中学校と県大会の決勝戦で対戦して、それを打ち破り優勝しました。驚いたマスコミが、連日、小手島を訪れ取材していました。その後、香川県教育委員会からの特別表彰式で小手島中学校が表彰されたことがテレビ中継されたので、かなり広まっていました。当時西日本放送やNHKラジオ放送でも、小手島のことが放送されていました。それを木下監督は取りあげたいと話していたようです。

Q11　木下惠介監督とはいつ出会いましたか。

A　一九五九年八月七日の優勝のあと、夏休みの八月下旬に、優勝記念の桜植樹を校庭の横でしている時に、小手島に一軒だけある家の電話に、木下監督から電話がありました。生徒が走って木下監督から電話がかかってきていると私玉井に連絡してきたので、急いで港まで降りて行きました。木下監督は、その日のうちに小手島に訪ねて来ました。

Q12　桜の木を玉井先生が植えたのですか。

A　注文した桜苗木一〇本を校庭裏の崖に植えました。ほぼ一か月分の給料でしたが、記念樹はいつまでも残ると思いました。四人の男子生徒が搬入を手伝ってくれて、私玉井と生徒が二株ずつ抱えて、標高六〇メートルの校庭まで運びました。三〇センチの植樹穴掘りにまる二日かかりました（七〇年を経た二〇二〇年代にもまだ桜は、校庭の横で生き続けています）。

Q13　脚本を書いたのは誰ですか。

A　最初の原稿は、すでに退職している、当時の豊島教頭先生が、県大会で優勝するまでの生徒と私玉井の行動記録を書いて、テレビなどに投稿したのがきっかけです。一九六五年四月に、最初の撮影会社である松竹が撮影した時には、玉井という実名がそのまま脚本で使用されていましたが、一九六七年に東宝映画が引き受けて再度撮影した時は、家田先生という架空の人物に置き換えられています。

豊島教頭先生の原稿を木下恵介監督が脚本として書き直し、さらに方言指導されたのが、香川県琴平町に住む、県文化財専門委員の草薙金四郎先生です。ドンケツとかビリッカスとか讃岐の方言が全体にわたって出ています。

Q14　映画の主人公のモデルの人は誰ですか。映画のモデルの人は、どんなことをしたのですか。

A　映画の主役は、夏木陽介さんですが、この映画のモデルとしては、二人の人物が織り込まれています。豊島教頭が脚本の中で書いたのはバレーボールに取り組んだ私玉井を書いていますが、映画の上では、島民の生活をとらえるためか、豊島教頭自身が行った、島民を啓発して納税の成績を高めることとか、最初のバレーボールを取り入れようとした行為などが織り込まれています。

校長役の俳優の谷口完さんが、試合の途中で氷を買いに走り回ったり、水に浸したタオルで選手の体をふいてやったりしている場面がありますが、私玉井が試合当日にやっていた行為でした。試合の合間では選手の身体をよくふいてやったものでした。

Q15　映画の夏木陽介さんの恋人役の、大空真弓さんのモデルは誰ですか。

A　映画では、大空真弓さんが演じる小西道子先生が、夏木陽介さんが演じる家田先生に結婚を迫るという風に描かれています。

私玉井は、小学校教諭の妻サチエとの結婚二日目に、新婚旅行にも行かずに小手島へ渡り、別居生活が始まりました。そのため実際には、妻というより恋人同士という状況でした。別の島の小学校から丸亀市街地の学校に転勤で上陸した妻サチエとは逆に、小手島に渡った私玉井とは完全に入れ違いの状態で、長い別居生活となりました。時々小手島に偵察に来ていた妻サチエは、私に丸亀市内の学校への転勤を勧めて、よくお説教をしたものです（笑）。だから結果的には映画の恋人同士という状態と同じ状況です。

Q16　映画のフィクションとノンフィクションの割合はどれぐらいですか？

A　実話が七割で、創作場面が三割くらいになるかと思います。

Q17　フィクションになるのはどの場面ですか。

A　家田先生が、亡き戦友の遺児である健一（健坊）を引き取って育てる場面はフィクションです。このシーンは、木下監督の戦争体験から、戦争をしてはならないというメッセージが込められていると思います。

島の住民が税金の取立人を校庭で追いかけまわすところもフィクションです。小手島を転勤で去る家田先生に、大漁旗を立てた漁船が、船団を組んで笛や太鼓で盛大に沖合まで見送っていく場面も、少し誇大に演出しています。ただ実際に私も転勤の際に、港から一五〇人程の住民に盛大に見送って頂きました。

画面に出る年代も、一九五四（昭和二九）年となっていて、戦後直後の年代になっています。戦友の孤児を引き取るというストーリーと繋がっていると思います。実際の県大会優勝年は一九五九年なので、数年あとです。

Q18　「笛や太鼓」の題名の由来は何ですか。

A　試合の応援や、島を去る先生の見送りに使用されている「笛や太鼓」のお囃子は、元々は小手島の隣にある手島の郷土民謡や、対岸の玉島踊りに源を持っています。

参考までに、映画の中で、無人の漁師の家の柱にひもでくくりつけられて泣いている健坊（健一）を、家田先生が抱き上げて、西日のさす表へ出る時に唄っているのも郷土民謡です。

Q19　映画の中で、トレパン先生と呼ぶのには、何か深い意味があるのですか。

A　小手島の先生は、当時水道もなかったため、炊事・洗濯・水汲みや生活雑用も大変で、授業準備を含めて、何もかもやらなくてはならないので、背広を着る間がありませんでした。それに孤島なので外来者がありませんので、体裁ぶることもありません。そのため一日中トレパン

（トレーニングパンツの略）を履いていることも多かったです。

劣等感を持っていた生徒の中へ、教師が背広ではなくトレパンで飛び込んでいくのが庶民的で接しやすかったのではないでしょうか。

Q20　バレーボールのチーム編成はどのようにしたのですか。

A　県大会に優勝したのは女子でしたが、当時女子は九名いました。しかし男子は六人だったので、不足三人を小学校から補充したり、女子を男子選手の中に入れて補充したりしました。映画の中でも男女混合チームとして出場していることが描かれています。

Q21　優勝までには色々な方々がバレーボールの指導に関わっているのでしょうか。

A　優勝は一人の力で成し遂げられるものではありません。前任者の武田先生が基礎を培われ、豊島教頭のアドバイスなども優勝に貢献しています。したがってこのような多くの教師や地域の人の協力と苦労があったことを前提にしています。

Q22　バレーボールの専門的な指導はどのようにしましたか。

A　私自身は陸上競技の出身なので、バレーボールの経験がなく、当初ルールも知らなかったので、旺文社のルール本など三冊ほど購入し、練習計画や作戦などいろいろな角度から基本的な戦略を研究しました。映画でも旺文社のバレーボール指導書の本が映っています。

小手島の学校は体育館がないため、少々の雨でも水たまりができるまで練習させていました。生徒にハッパをかける言葉は、「陸地の学校は体育館があるので、今日のような雨の日でも練習やってるぜ」です。島の条件が悪くても負けないようにしようということです。

Q23　クラブ活動の予算はどのぐらいですか。

A　クラブ活動費用は、激しい練習をさせながらも、一円もないので、ボールなどは、私玉井が乏しい給料を割いて買ったり、県の体育協会長をしている香川酒造の藤井幸太郎社長にねだったりしました。

栄養不良を補うために、私が自分で乳児用の粉ミルクを買ってきて生徒に飲ませました。当時一缶七〇〇円くらいしていたが、二〇缶くらい買いました。飴湯も時折買って生徒に飲ませていました。

Q24　練習などでの苦心談はありますか。

A　第一に、バレーボールに対する親の無関心の克服です。

映画でも「バレーボールで食えるか」と、当初反対された様子を描いています。毎日何人かの家庭訪問をして、目をむいて怒る親を説得して練習させたり、試合に出させたりしました。一人でも欠けると、代わりの生徒がいないので、試合に出場することさえできなくなります。生徒達は家業を昼休み時間に手伝いに行くなど、最大限家業をやりくりして手伝うことで、親達を説得してくれました。でも最後には親達も皆さん了承してくれて熱心に応援してくれましたが。

第二に、生徒の栄養不良です。

例えば、練習の途中に休憩をすると、地面の上に丸太を倒したように寝て休憩をとります。お昼はたいていの生徒は芋でごまかしているのですから、ガスが出ても馬力が出ることはありません（笑）。海で魚を取っていても売ることが主目的なので、夜食にまわす魚が十分にないのが実態です。

第三に、私玉井自身の栄養失調と熱中症等の病気です。

私自身も激しい練習と栄養失調でよく倒れました。陸地から仕入れてきたおかずの材料がなくなると、あとはご飯の上に塩や醤油を振りかけて食べるため、目・耳・歯もすっかり病気がちになりました。歯が痛くて一晩中ずきずきしたり、中耳炎になっても医者がいないので何度も我慢しました。

Q25 玉井先生が病気の時はどのようにしたのですか。

A 私の病気を見かねて、時折親が船を出して丸亀に送ってくれたり、教頭が漁船を交渉してくれました。船で私を移送中に、濃霧で五〇メートル先も見通しがきかず、海上を四時間もさまよったあげく丸亀港を通り越して坂出港へようやく着いたこともありました。濃霧のこんな日は船も通らないだろうと安心していたら、三〇メートルほど先を二〇〇トンくらいの船が突然姿を現し、危機一発で難を逃れたこともありました。大嵐の日に漁師さんに搬送して頂いた時は、船から投げ出されないように、私を船に縛って出航しました。激痛を患っている時は漁船で送られるのは危険が多かったのですが、当時、月一、二回しか帰宅していなかったため、何かしら休養できるような錯覚も生まれてきました。

Q26 小手島の人達はこの優勝をどのようにとらえていましたか。

A 小手島の人達の温かさと応援のすごさが身にしみます。広島中学校での塩飽地区大会の優勝、綾歌郡久万玉中学校での中讃地区ブロック大会優勝も大いに感激していました。さらに坂出商業高校コートでの香川県大会の優勝では、小手島は歓喜に沸きました。優勝した日、坂出市から数隻の漁船を仕立てて、小手島へ帰りましたが、島のまわりを三回も周り、生徒達は大声で島に向かって優勝を知らせたので、島の中腹の畑で働いていた人達が、いたるところで手を振ってくれました。映画では、子ども達が皆「勝ったぞー」と叫ぶ姿が映し出されています。

やっとつかんだ勝利によって、無関心だった父母の考えも大きく変わっていきました。私も赴任二年目にしての優勝だったので、島の人達と大いに感激していました。

Q27　優勝が子ども達に与えた影響はどのようなものですか。
A　琴平高校の弓道部・剣道部など全国並みの水準のクラブ活動に比べると、県大会や塩飽地区大会で優勝する程度の小手島中学校のバレーボールは、極めてはかない存在でしょう。
ですが、県下の一番小さい中学校の生徒全員がそのまま選手になって、全員が力を合わせたこと、毎日猛練習を繰り返し、あらゆる大きなハンディキャップを克服して勝ち取ったという成果は精神的にも大きいことです。したがって、やればできる、根気よくやればいつか成就するという教訓を与えているはずです。これは小さな栄冠ですが、大きな心の栄冠となっています。

当時の島の生徒達は、確かに身体的にも学力的にも各人がものすごい劣等感を持っていました。しかし当時の選手は今、二三歳・二四歳ですが、学校の事務職員、香川相互銀行、倉紡観音寺工場、松下電機の実業団へ入り活躍しています。バレーボールの勝利は、実社会に出た生徒達に、いじけた劣等感を取り除き自信を持つのに、大きな役割を果たしたはずです。今も教え子達とは繋がっていますが、皆勇気と意欲を持って仕事と生活に充実感を持っています。

Q28　香川県での映画の上映はどこでされていますか。

A　香川県内の映画の上映は、昨年一九六七年九月三〇日に高松東宝で封切られ、実に四か月後に琴平町へ来た、待ち遠しかった映画です。「なつかしき笛や太鼓」は、丸亀市と香川県が後援し、制作にも全面的に協力しています。また文部省が教育映画として推奨しています。香川県内では、ほとんどすべての学校で上映されています。

Q29　木下監督の映画に秘められた心は何でしょうか。

A　若い皆さんからすると、期待の割に平凡な映画であると思われたかもしれません。というのは、日頃、破壊的に切り合い、撃ち合い、殴り合いなどの暴力的に威勢のいい戦闘シーンや、熱いラブシーンにすっかり慣れてしまい、そういう刺激的な場面のないものは物足りなくなっているのではないでしょうか。

非日常的な現象を映画にするという映画の先入観を打破して、退廃映画に挑戦して作られたのが、「なつかしき笛や太鼓」と考えても良いと思います。この映画は、芸術作品と考えて、純教育的に、また、ふるさとを誇りに思う郷土愛の観点に立って鑑賞して頂くことが大切です。

日常的な生活や奮闘の中から映画の心と真髄をとらえるという意味で、木下監督の映画に貫かれている制作態度が現れていると思います。

Q30　木下監督が語った言葉で印象に残っている言葉はどんな言葉ですか。

A　木下監督の映画脚本の中のエッセイ記録では次のように語っています。

「瀬戸内海に訪れるたびに、私はこの風景の中にこそ私があると思う。私は、海と空と、広く優しく、しかし強い想いを秘めている、安らぎが好きである。瀬戸内海は、まるで田舎ではない。それどころか、私の知っている南フランスや、南イタリアの海に似ている。行き交う大小さまざまな船の華麗なる色彩。住む人もまた、色彩豊かな心情に息づいている。都会人の画一的な憂鬱な、投げやりな表情はない。

瀬戸内海の島々は、人間が人間であることの自信をもって生きている人たちがいる。そう私には思える。私はその人たちの生活を、私の自由なカンバスに描き、力の限り私の喜びを、彼らと共に爆発させなければならない。そのことは、制作することの素朴な喜びを忘れた、日本映画への私の不敵な体当たりでもある。

私は、この物語の先生や、少年少女たちのように、日本映画の自信をかけて勝たなければならない。」（木下監督作脚本）

木下監督の映画は、名もなき庶民の心の中にある苦闘や葛藤をとらえています。そして個々の生活の中から大きな時代の荒波を乗り越えようとする庶民の奮闘努力の中から、社会的な課題をえぐり出そうとしています。そこに木下恵介監督の信条を見ることができます。そして同時にこの映画は、高度経済成長期の映画が退廃化する中で、それに抗する木下監督の映画制作の信念を映し出していると思います。

2 映画化舞台裏に関わる写真

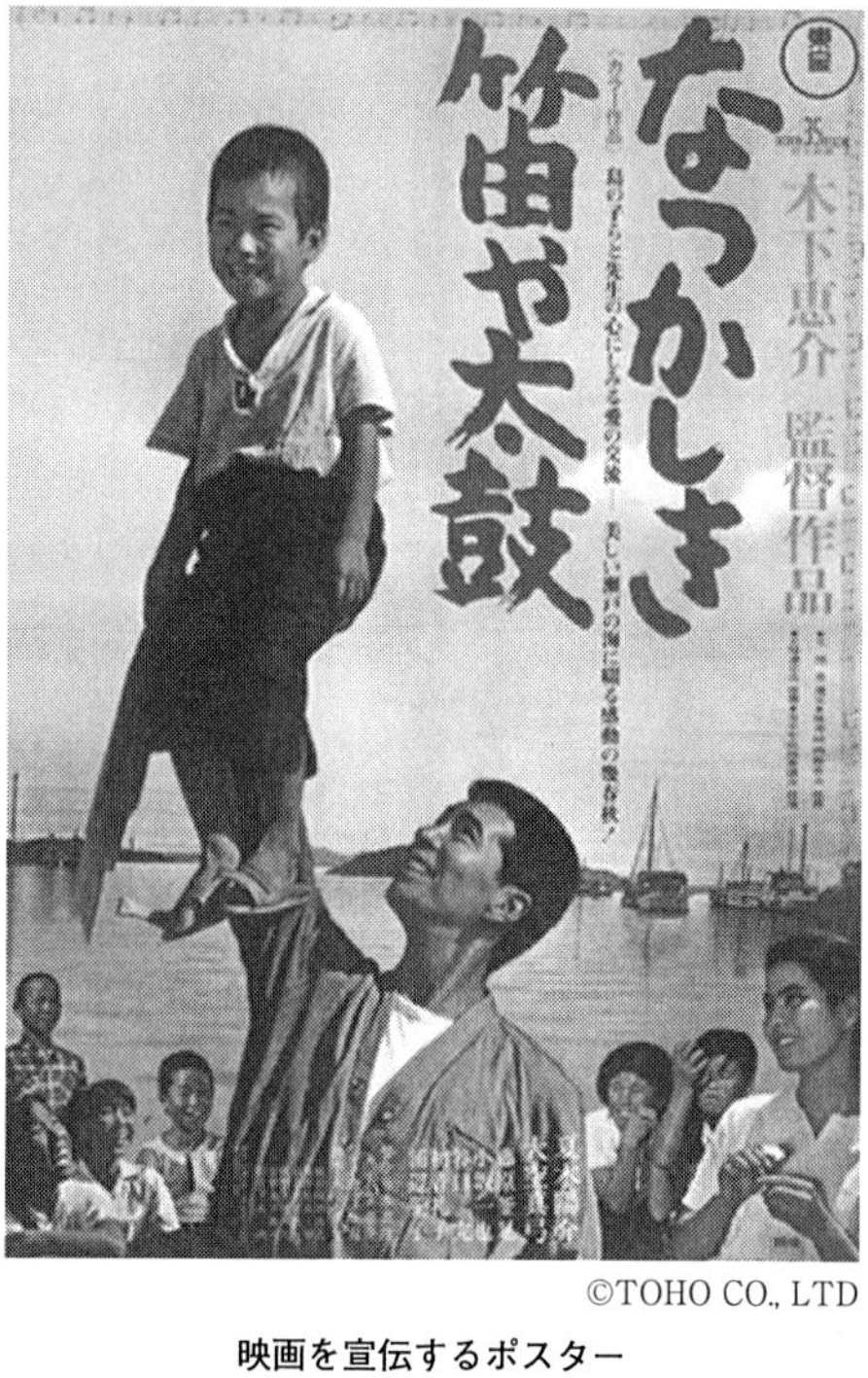

映画を宣伝するポスター

丸亀港から小手島（15 km 先）（左奥の島が小手島、右側は広島）を臨む
（15 倍望遠レンズ使用）

映画「なつかしき笛や太鼓」で映されている丸亀城と大手門

映画「なつかしき笛や太鼓」のバレーボールの試合を映したコート跡地

映画の中でおばあちゃんと健坊が登った丸亀城からバレーボールコート跡地を臨む

映画の中で船の上から丸亀方面に映っていた讃岐富士

映画の中でおばあちゃんと健坊が歩いていた丸亀城御殿表門

映画の中でおばあちゃんと健坊がおにぎりを食べていた所

映画の中でおばあちゃんと健坊が歩いていた丸亀城大手門

現在の丸亀城・この城下のコートで地区大会や映画撮影が行われた

小手島遠景

現在の小手島と丸亀を結ぶ定期船フェリー

小手島にある源平合戦の平家落人の墓

現在の小手島港から見た山頂の小手島小中学校

現在の小手島小中学校校門

手島中学校分校時代の手島第二中学校の校門跡

職員室に飾られた優勝カップ（1959 年）

現在の小手島中学校校庭

県大会に向けた校庭での練習風景（1959 年 7 月）

小手島中学校の男女に分かれた練習（1959 年 7 月）

県大会開会式（1959 年 8 月）

県大会で作戦のために集まる
小手島中学校選手（1959 年 8 月）

県大会の表彰式で表彰状を受け取る小手島中学校

優勝した小手島中学校の全女子生徒記念撮影
(手島分校時代の手島二中のユニフォームを着ている)

県大会直後に９名の選手を讃える玉井監督

小手島中学校職員室での玉井正明（一九五八年）

花束を頂き、小手島から丸亀港上陸直前の玉井（1960 年 3 月 31 日）

補章 「なつかしき笛や太鼓」の舞台裏と木下恵介監督が取りあげた世界

1 木下恵介監督の信条を反映した「なつかしき笛や太鼓」

本書は、冒頭に述べた通り、木下恵介監督映画「なつかしき笛や太鼓」の舞台裏を、当時の小手島中学校の新卒教師である故・玉井正明の記録からとらえたものである。故・玉井正明は、「なつかしき笛や太鼓」の背景となる小手島中学校の香川県大会優勝までの記録を鮮明に残しており、その記録と映画を合わせてとらえると、現実の小手島の様子がどのような状況であったか、木下恵介監督はどの部分を特に重要であるととらえたかが見えてくる。

映画「なつかしき笛や太鼓」のストーリーの大要は、当時の状況を克明にとらえた新卒教師の記録とほぼ同じである。「なつかしき笛や太鼓」はいわゆるドキュメンタリー映画ではないが、木下監督は、小手島の庶民の生活や学校・子どもの様子を細部にわたって再現している。

「なつかしき笛や太鼓」の舞台裏となる庶民の葛藤や苦悩はたくさんあった。だが、様々な困難を調整し、挑戦していく中での克服のプロセスは、高度経済成長期の地域格差問題に抗する木下監督の問題提起も含まれている。現実のすべての場面が映画の中に出ているわけではないが、物語を通じて庶民の暮らしの中から新しい社会を展望するという木下監督の信条がにじみ出ているように見える。

実録を元にした映画は、事実に沿いながらも、その中でも映画監督の特に伝えたい信条を柱としながらストーリー化している。そのため、単なるフィクションでもない。木下監督はそのエッセンスを抽出することで生き方の教訓などを広く普及させた。「なつかしき笛や太鼓」のストーリーも、脚本の素材となった島民の人生訓が織り込まれているため、〝現実にあり得ない〟話ではない。小手島の奮闘とそれを取りあげた木下監督の信条は、当時の多くの映画鑑賞者に共鳴し、「なつかしき笛や太鼓」は一九六七年度キネマ旬報ベスト・テン第九位にランクインしている。

ここでは木下惠介監督がとらえたかった島全体の奮闘の舞台裏とその人生訓を改めて垣間見ることにしたい。

2 高度経済成長期の価値観と一時代の支配的な価値観の転換

1 成長時代の中での地域の均衡ある発展を目指して

木下監督が取りあげた学校は、市街地区の大規模校ではなく、離島・へき地校である。高度経済成長が始まった一九五〇年代後半は産業構造が大きく変わりつつあり、都市と農山漁村の地域格差が極めて激しくなっていた。一九五〇年代は、三種の神器と言われた冷蔵庫・洗濯機・テレビが急速に普及し、「大きいことはいいことだ」「大量生産大量消費」がキャッチコピーとして流行した時代である。それはある意味では、高度経済成長期の消費生活向上の象徴語であったが、その陰に相対的に取り残される地域や人々があってはならないという社会的公正も多くの人々の問題意識として芽生えていた。

発展しつつある社会の中で、木下監督は目立たないものや取り残された地域・庶民の小さな奮闘にも光を当てた作品が多く、地域の均衡ある発展や教育の機会均等など、社会平等・社会的公正を目指す木下監督の信念の現れであろう。敷衍するならば、社会をより良く進めていくためには、都市などの一部の地域の発展だけではなく、地方を含む多くの地域の発展や庶民の踏ん張りも欠かせないということである。

2　環境の困難さを超える奮闘と小さな成功からの発展

小島の学校では、運動場も小さく、教育施設も整備されていない場合が多く、効果的な練習ができない。小手島小中学校も同様で、塩飽諸島の地区運動会では、「いつもビリを走るのは、小手島の子だ」と冷やかされていた。そのような中で、若い教師は小手島の生徒の意欲を喚起しようとバレーボールを本格的に始めようとした。そして「一つ勝つ」という目標を掲げたが、それは自信を持たせることを最終目標にした一つのきっかけ作りであった。

若い教師の「一つだけでも勝たせて自信をつけてやりたい」という思いは、思いがけず塩飽地区大会で勝ち残って決勝戦まで進んでいく。映画の決勝戦は、架空の神部島中学校と闘うが、教師と生徒全員の心が一つに呼応し戦意が高揚した姿が映されている。それは一つの自信が契機となって新たな目標に向かって挑戦する姿である。そして小手島中学校は塩飽地区大会から中讃地区大会へ、さらに香川県大会まで進んで優勝する。

木下監督が小手島中学校の県大会優勝の実話を取りあげたのは、遅れていると思われた地域も発展の可能性があること、地域格差を容認せずに困難な地域を支援することでどんな地域も発展していくことを明らかにしたかったからではなかろうか。小手島も小さな成功からその後大きな変化を遂げることになった。

3 見える物の豊かさと見えない心の豊かさ

1 評価するのは見た目の身なりなのか

映画の中での小手島中学校の生徒達の服は、ユニフォームではなく普段着で、裸足と草履である。実際に小手島中学校では、経済的な要素もあって、ユニフォームや運動靴を潤沢に揃えられない中で練習を続けていた状況を背景としている。実際の小手島中学校は、試合でも普段着と裸足で試合に出ることも多く、それが周りからの嘲笑の種にもなっていた。

一方映画の中の他の中学校は、全員白の短パン・ランニング・シューズの揃いの運動ユニフォームで、対照的に描かれている。木下監督があえて映画の中で、普段着・裸足の小手島中学校の姿を描いたのは、逆にそこに何らかの価値と美しさを見出しているからであろう。この服装の対照性は、細かい演出であるが、この中に、木下監督の信条が見えてくる。木下監督は、見た目の身なりが悪いことが問題なのかということを、あえて提起しているようだ。木下監督は、背後にある経済的な豊かさと心の豊かさを対照的に描きたかったのではないだろうか。

2　見える物の豊かさと見えない心の豊かさ――心意気と結束力

映画の小手島中学校の決勝戦では、生徒達は全員がコートで靴を脱ぎ捨てて裸足で試合を闘っている。コート外の得点表示係の生徒も靴を脱いで裸足になった。生徒達が試合途中で全員が靴を脱ぎ捨てて試合に臨む姿は、生徒達の心意気と結束力を木下監督が表したものである。同時に服や靴が必ずしもなくても、逆境に抗している離島の子ども達の生きる力の強さや見た目に恥じない心の豊かさを表している。

実は故・玉井正明の記録では、地区大会までは運動靴ではなかったが、県大会では親が運動靴を買ってくれたことが記されている。木下監督は、靴を脱ぎ捨てるシーンを強調することによって、見た目や物ではない心意気・結束力などの見えない心の豊かさを大事にしたかったことが見て取れる。むしろ外見や物の豊かさとは正反対の価値観を抽出することで、高度経済成長の中での名もない離島の奮闘に光を当てたのであろう。ここにも木下監督の信念を垣間見ることができる。

4　職階や立場を超えた縦の連携

映画での小手島中学校のバレーボール男子の部の出場選手は、女子も混じった男女混合チームとして描かれている。当時の地区大会等では、人数の関係で小学生や女子を入れるなど混合チームを作ることは実際にもあったようだ。

映画では、教育委員会から男女混合チームはだめと言われたが、島の子どもの人数は少なく、チーム編成ができない。そのため若い教師は混合チームを認めてもらうように塩飽地区大会の副会長や教育委員会とも掛け合っている。小規模校ではスポーツ種目が限られるが、島の子ども達のスポーツの機会と出場のチャンスを広げる為に、教師達が単に教育委員会の指示待ちではなく、教育委員会に働きかけていく教師の姿が描かれている。その結果小手島中学校は、今回の大会に限り混合チームを認める許可を得ている。

このシーンの中に、単に上意下達ではなく、上の職階の人達へも働きかけることで、社会を動かすことができるという木下監督の信条を伏線として読み取ることができる。若手教師が持つ権限や権威は圧倒的に小さいが、それぞれの立場の人が奮闘し色々な職階・階層の人達の力と組み合わさることによって、協働的な大きな力となっていく。それは横の連携だけでなく、階層が異なる縦の連携も同じで、縦・横の協働が大きな力となっていく。

故・玉井正明はバレーボール部の顧問・監督であったが、むろん彼一人で優勝できたわけではなく、同僚教師・学校管理職と一緒になって取り組んでいる。学校の職階は子どもを直接教える教諭と校長・教頭の管理職の二つしかないが、映画の中でも若い教師が子どもを指導しながら、管理職がそれを支援している様子が映されている。

5　島民の結束力とチーム小手島

1　チーム小手島の支援・共助と結束力

小手島中学校の優勝は、教師達の力だけでなく、当然ながら生徒達自身の踏ん張りが大きい。さらにその活動を保護者や地域住民が支援したことが大きく、島の皆で取り組んだチーム小手島の結束による成果である。したがって映画のモデルは、島のすべての住民と学校関係者の全員であると、故・玉井正明もとらえている。故・玉井正明の記録の中には、島全体の支えがなければ、成果は出なかったであろうということが明確に綴られている。

映画の中でも、優勝後の漁船四隻が〝笛や太鼓〟を鳴らして島を回りながら「勝ったぞー」「勝ったぞー」と皆が叫ぶ姿は、チーム小手島全体の高揚感を表している。木下監督もこのチーム小手島の結束力を、重要な発展の要素として取りあげている。

小手島の島民が学校・教師を命がけで支援した裏話としては、こんな出来事もあった。故・玉井正明が、バレーボールや夜間授業の疲労が重なり熱中症と栄養失調で倒れた際には、ＰＴＡ副会長の保護者が大嵐の中で小さな漁船を出す決断をしている。その保護者は、漁船から振り落とされないように故・玉井正明をひもでくくりつけて四時間かけて丸亀市内の病院まで緊急搬送している。大嵐で漁船を出した島民の勇気によって九死に一生を得た故・玉井正明は、そのような島民への感謝の念は片時も忘れたことがないことを記している。これはほんの一つの出来事であるが、島全体が教師や子ども達を応援していたことは間違いなく、それが教師達にとっても大きな心の支えとなっている。

2　親達との葛藤を身方につけて

一九五〇年代当時はどこでも子ども達は農漁業の労働力であり、家の手伝いも忙しい。一方バレーボールに関しては、特訓も始めるが、島の親達からはお金にならない運動部に力を入れても食っていけないと、最初は反対も受けている。島では、耕地面積も少なく、自然環境が厳しいため、親の声も当然である。

当時の教師達は、親や住民達とも協力し合いながらも、同時に戦後教育の中で新しい教育観や生活観に転換していく必要があるために、親達との葛藤も多くあった。映画の中で若い教師は、子ども達全員でバレーボールを行う意味と必要性を親達に懇願し、時には親と喧嘩もしている。

しかし一旦応援することを決めた親や島民達は、島全体で結束して応援するようになっている。やがて小手島の島民の楽しみの一つとなったことは、生徒達が放課後校庭で練習している様子を見に行くこと、そして弾けたボールを拾うのを手伝うことであった。

　木下監督は、子ども達の未来のあるべき姿を追求する教職の使命感とその中での人々の葛藤をとらえる中で、少しずつ地域社会が前向きに変わっていく様子を描こうとしたことは想像に難くない。木下監督は粘り強く障壁を克服していく若い先生の姿に、地域や社会を発展させていく原動力を見出したのかもしれない。

6　教師による愛情と子どもへの期待効果

1　若い教師の体当たりの使命感

「なつかしき笛や太鼓」では、若い男性教師と生徒達の関係が描かれている。同じく木下恵介監督が取りあげた映画「二十四の瞳」も、新卒女性教師と子ども達との関係が描かれている。どんな時代にもどんな職業・職務でも、順風満帆なものはなく、紆余曲折は伴うものである。教師においても、特に経験も少ない若い教師にとっては、子ども・生徒との関係においても試行錯誤・七転八倒の連続である。

　このように木下監督は、若い教師の使命感と生徒との関係の中で揺れ動く葛藤や奮闘を描いている。木下監督が伝えたかったことは、権限・権威の小さな若い教師が、生身の体当たりで取り組む姿が、生徒達や住民の意識を動かす力になるということではないだろうか。

2 今も変わらぬ教師の子ども達への愛情と子ども達を動かす力

教師が密かに持つ子ども達の成長・活躍への期待は、今も変わっていない。教師達は子ども達の運命を左右する存在であることを職務の中で自覚せざるを得ず、今もその使命感や愛情によって学校教育は成り立っていると言って良いだろう。時代が豊かになり、働き方改革が社会全体で推進されるようになっても、対人援助職である教師達の子ども達への愛情や使命感は時代を超えた今も変わるものではない。教師は自身の職階の変化よりもむしろ子ども達や人々の成長を喜ぶことを性としているからである。

木下恵介監督は映画の中で、元々あらゆることに意欲的ではなかった生徒達と若い教師との間で葛藤もありながらも、将来的に生徒達が自立できるようにするために若い教師が腐心している姿を描いている。時には生徒に厳しくもあるが、あの手この手と対応する若い教師の苦心は、子ども達の成長への期待と愛情の現れである。

映画の中の若い教師が婚約女性に語る言葉の中には、「一つ勝って自信をつけさせてやりたい」「勝つまで結婚を待って欲しい」というような言葉が随所に散りばめられている。それは婚約女性との関係よりも、子ども達の成長を期待するというシーンであるが、子ども達への愛情の強さをそれで示している。実際の故・玉井正明は、結婚していたが、結婚二日後に単身赴任で小手島中学校に赴任している。

若い教師があの手この手と生徒達に働きかけていく中で、生徒達も少しずつ成長し変わっていく。生徒達は、厳しさの中にある教師の愛情を徐々に感じとっていく。その意図を子ども達が感じとった時に、子ども達も動いていく。その生徒と先生の心の機微を木下監督はとらえている。

3　教師による期待効果と生徒達の返報性の心情

子どもは特に期待されるとそれに応えようとする心理が働く。教師が子どもに期待すれば、子どもも教師の期待に沿った成果を出すように自分で成長しようとする。これが教師による「期待効果」である。映画の中で若い教師は、「いいぞー」「その調子だ」と何度も声をかけるシーンが映されている。

実際の故・玉井正明は、勝ち負けやミスの結果よりも、諦めずにボールを追いかける姿勢や新たに取り組もうとする挑戦的な姿勢を大いに評価していた。この挑戦的な姿勢を教師が期待していたことが、生徒達に共鳴し、期待される喜びに報いて伸びようとする生徒自身の力を生み出していた。

実は、故・玉井正明は何度も熱中症で倒れて救急搬送されているが、その姿がまた生徒達の心情を奮起させている。倒れるまでの教師の奮闘に、生徒達も指導の恩に報いる返報性の心情が働いていた。この教師と生徒の心のキャッチボールも、木下監督がとらえたかったことの一つであろう。

このように木下監督は、教師による生徒への期待効果と、生徒による教師への返報性の心情が呼応していく変化を描いている。この心情が新しい世界に挑戦していく気概を作り出している。

7 子ども達の自信・勇気と変革をもたらす新しい力

1 実力以上の力を発揮した子ども達の自信と勇気

小手島中学校は、地区大会を経て香川県大会まで出場したものの、周囲の予想では大規模校との圧倒的な力の差で県大会では勝負にならないのではないかと見なされていた。しかし、客観的には実力が上であろうと見られる二〇〇〇人の大規模校の選抜選手よりも、むしろ小手島中学校の生徒の方が堂々としていたと、故・玉井正明は回想している。

その違いは、すでに塩飽地区大会に勝った小手島中学校の生徒は、「一つ勝つ」という目標を大きく超えた成果で自信を獲得したことによる違いであり、失敗も負けも恐れるものは何もないという挑戦的な勇気の有無の違いである。負けを恐れる必要がなくなったことが、塩飽地区大会よりも県大会で堂々と挑戦できる勇気となっている。

一方の対戦相手の大規模強豪校にとっては、小規模弱小校に勝つことが当たり前となっていれば、負けることや失敗することに恐れを抱くことは十分あり得ることである。その違いは、実力以上の力を発揮するかどうかの違いである。自信と勇気は、あらゆる挑戦の根幹に位置するもので、弱者の立場も変えていく力があるということを、木下監督はとらえているようだ。

2　変革をもたらす新しい力と挑戦

実は、香川県大会で優勝した女子生徒達は、その後の進路は全員が島に留まらず、高校に進学するか、香川県内外の企業に就職している。これは島の歴史始まって以来のことであった。映画の最初のシーンでも、戦争孤児の「健坊」が高校に進学するため島から出る姿が映されている。この初めての高校進学の要因を、故・玉井正明は、「一つ勝つ」ことを遥かに超えた自信と勇気がもたらした新しい挑戦であるととらえている。

また男子生徒達も、卓球で「一つ勝つ」ことを実現したが、卒業後は全員が手漕ぎ舟から動力船による、近代的な漁法に切り替えて、大きく漁業を発展させている。これも映画には出ていないが、故・玉井正明は、一歩踏み出す勇気がもたらした新しい挑戦であるととらえている。

子どもは、一方で失敗しつつも、他方で小さな成功を積み重ねるうちに、少しずつ自信を持ちこれまでの到達点を塗り替えていく。とりわけ子どもは少しずつ新しいことに取り組みながら、新しい力を獲得していく。その獲得したことへの小さな自信が「今度も乗り越えられるだろう」という未知の課題に対する挑戦意欲となっていく。誰もが、これまで経験したことのないことに対しては、自分ができるかどうかの不安を抱くが、過去に困難を超えた経験があれば、新しいことに挑戦する抵抗感は少なくなり、挑戦してみようとする気持ちも台頭する。

小手島の生徒達が卒業後も新しい仕事・進路や生き方を切り拓くことができたのは、自信と勇気が新しいことに挑戦する力を高めたことによる。そして木下監督が重視したことも、この自信と勇気を与えることの重要性であり、それによって新しいことに挑戦する気持ちを高めていくことの重要性であろう。同時にその挑戦する気持ちは、未来の新しい社会を切り拓いていく力になることを、木下監督が確信していたことは想像に難くない。

8 初任者としての故・玉井正明の島への感謝の記録

故・玉井正明の記録の中には、島の住民達への感謝の言葉、生徒達から教師が支えられてきたことへの生徒達への感謝の言葉、そして同僚教師や管理職に支えられてきたことへの感謝の言葉がちりばめられている。故・玉井正明の記録からは、大変さよりも島の関係者・学校関係者の周りへの感謝の気持ちが強いことが窺える。

故・玉井正明にとっては、小手島の生活は、正職教員としては初任者であるため、若き教師による体当たりの活動であり、熟練教師に比べても紆余曲折の連続であっただろう。したがって当時の若き自分をふり返ってみても、至らぬところが多い中で、自分が島民や同僚や生徒達から育てられたという思いを強く持っている。すなわちどんなにがんばった人も、回りから支えられながら、そして回りと一緒に取り組みながら力を発揮している。そのことを、故・玉井正明は改めて感じとっていることが窺える。

故・玉井正明は、初任地の教え子で一〇歳年下でありながら、先に亡くなった教え子や世話になった島の住民の墓参も欠かしたことがないと記録している。誰にも伝えることなく、密かに墓参していた。離任後一〇年間は、当時の小手島小中学校関係者にも了解を取りながら、桜の木の手入れにも行っていた。これらもまた当時の多くの教師達が持っていた教師の使命感や子ども達への愛情、そして地域との一体感による〝チーム学校〟を現す姿かもしれない。

おそらく木下惠介監督も、物が豊かになり高度経済成長の中で心の豊かさが失われつつある中で、困難な環境においても、島全体が失われつつある心を取り戻していく姿を改めて大事にしていたに相違ない。庶民が持つ困難を克服する力、自信・勇気が新たなことに挑戦していく力、その自信・勇気を育む教師や住民の愛情と支援の力、あらゆる立場の人が結束することによる協働的な力を、木下監督は小手島の奮闘の中から見出したのであろう。経済・社会が発展する中では、物の豊かさは目に見えやすいが、その影で失われるものや見えにくいものを改めて意識し守っていくことの重要性を、木下監督は抽出しているように見える。

そして同時に困難な中にあっても、地域・社会全体の奮闘や協働的な力の中に、新しい地域・社会を切り拓く力が存在していることを見出していたのであろう。このことは、現代においても通じる普遍的な真理かもしれない。小手島を舞台にした「なつかしき笛や太鼓」で木下恵介監督が描いた島の姿は、困難を克服し新しい地域・社会と生活を創生する上で、未来まで続く重要な生き方と人生訓を描き出しているようだ。

あとがき

木下恵介監督は、一九五九年の小手島中学校のバレーボール香川県大会優勝の軌跡を映画「なつかしき笛や太鼓」で取りあげ、小島の奮闘に関わる人々の苦悩・葛藤などの機微を映し出した。何ごともそうであるが、順風満帆な人生はなく、大きな社会の流れの中で、人は苦闘しながら歩んでいる。これが庶民の本当の姿であり、実はその小さな積み重ねが地域・社会を動かしている。そのような機微を木下監督は「なつかしき笛や太鼓」のストーリーにも体現している。

一九五九年前までの小手島中学校は、かつて一度も勝つことなく負け続けていた。その中で、塩飽地区大会で「一つ勝つ」ことを目標にしていたことからすれば、一九五九年の小手島中学校の香川県大会優勝は、大きな金星《きんぼし》である。

優勝後の帰路では、夕日が海面を金色に照らし、漁船はその金色の海の花道を小手島に向かって帰っている。そして暗くなり始めた空には、満天の夜空に金星《きんせい》が光り輝いていた。これは故・玉井正明が目にした帰り道での光景であるが、生徒達や島民達と歩んできた達成感と島の誉れの気持ちが重なった心の光景を表したものである。まさに「小島の満天に星は輝く」光景であった。

そして生徒達の成長や島の発展は、優勝後も続き、島全体の高揚感があらゆるものを変えていった。生徒達は、高校進学や島外の就職、そして動力船の導入と近代漁法への切り替えなど、急速にそれまでの慣習を超える挑戦的な取組を進めていた。この前向きな取組を採り入れていく力を、故・玉井正明は大変喜んでいる。

この成長は、まさに生徒達が得た自信・勇気が新しい挑戦的な意欲をもたらしたものである。これは生徒達の最初の塩飽地区大会での対戦雰囲気よりも、さらに厳しい戦いを強いられる香川県大会の雰囲気の方が堂々としていたという回想にも表されている。

客観的に見れば、二〇〇〇人規模校の選抜選手の実力が上回るだろう。しかし小手島中学校は、すでに地区大会で獲得した自信と、全校生全員が挑むというチーム小手島の結束力が、堂々とした雰囲気を見せ、実力以上の結果をもたらしたのである。

子ども達に自信・勇気を持たせることは、あらゆる人の活動の源となり、教育の真髄である。とりわけ様々な成長過程にある子ども達は、常に新しいことに挑戦しており、その過程で自信・勇気を持つことは、あらゆる生きる力の基盤となる。

故・玉井正明もそのことを教育者として、常日頃から子どもが萎縮する要因を取り除くことを考えていた。負け続けたバレーボールを敢えて選び、そこで「一つ勝つ」ことを自信と勇気のきっかけとし、それを賞讃しながら新しい挑戦的な力を育成したいと考えていた。小さな小島では、様々なハンディはあるが、故・玉井正明はむしろこれを克服することで、島の子ども達の新しい挑戦力や生きる力を高めることを目指していた。そしてそれは子ども達だけでなく、地域の結束力が強い島の、新しい地域発展をもたらすものでもあった。

この小島の新しい地平を築く力が新しい地域・社会を築いていくことを鮮明に取りあげたのが木下惠介監督であろう。木下惠介監督は、ハンディを持ちながらもそれを克服していく人達の奮闘や機微が、新しい地域・社会を作っていくという重要な教訓を見逃さなかった。社会を作るのは、実は高名な人達ではなく、名もない人達や地域の奮闘であることを、木下監督は信条としていたからである。改めて木下監督映画「なつかしき笛や太鼓」を視聴すると、庶民の人生訓が散りばめられている。

本書は、「なつかしき笛や太鼓」の舞台裏となる小手島の人達の奮闘を、故・玉井正明が当時の記録の中からとらえたものである。当時の現地の記録と映画のストーリーを照らし合わせることで、木下監督が取りあげようとした教訓をとらえることができる。この教訓は時を超えて今も生かされていく真理であろう。

本書は、故・玉井正明の記録を刊行したものであるが、この刊行のことはこれまでの学校の教え子達にも生前語っていた。坂出高校の卒業生であった旧姓鈴木順子氏は、玉井正明が亡くなる一週間前に本の刊行を聞き、葬儀日にそれを伝えに来てくれている。また同じく坂出高校卒業生の松本雅文氏は、東宝映画の関西支社長であり、「なつかしき笛や太鼓」のＢＳテレビ再放送にご尽力して頂いている。

その他多くの中学・高校の教え子達や香川短期大学の元同僚と卒業生達からも、「なつかしき笛や太鼓」の舞台裏の記録の刊行を期待して頂いていた。また何よりも故・玉井正明は当時の小手島の教え子とは生前の同窓会で、いつの日かの「なつかしき笛や太鼓」の舞台裏の刊行を約束していたようだ。今はその舞台裏の秘話を教え子と一緒に談笑できなくなったが、天国で教え子達と語り合っているに違いない。教師としての故・玉井正明は最期までどこにいても子ども・地域に貢献する教師であり、その教師の使命感は全国の教師達の、今も変わらぬ真髄であろう。

本書を今も困難な状況の中で奮闘している教師や地域の人達と、そして本書の執筆者故・玉井正明およびそれを支えた妻で小学校教師であった故・玉井サチエに捧げたいと思う。

本書の刊行に際しては、映画の舞台裏の記録という特異な内容であるにもかかわらず、出版にご尽力頂いた北樹出版・木村慎也社長および編集の古屋幾子氏に大変御世話になった。記して御礼申し上げたい。

玉井　康之

故・玉井正明（二〇二四年没）プロフィール

（一）　履歴

・香川県尽誠学園高校・立命館大学法学部卒
・香川県内中学校教諭（多度津中学校講師・小手島中学校新任・満濃中学校）勤務
・香川県立高校教諭（琴平高校・坂出高校・高松高校）、高校管理職（丸亀高校・坂出商業高）を歴任。
・学校退職後、香川短期大学講師・助教授・教授を歴任後、香川短期大学名誉教授称号を頂いた。
・香川短期大学就職進学部長として一八年間（一九九六〜二〇一一）連続して就職率一〇〇％（四七三〇人）、進学率（四年制大学三年編入・大学院進学）一八年連続一〇〇％（四八六人）を達成、就職氷河期の厳しい就職環境の中で全国の大学から注目され、頻繁に訪問・視察を受けた。
・高松市教育委員会文化研究所研究員として中・高校いじめ・校内暴力の指導、不登校の教育相談を実施。

（二）　共著書

・『少年の凶悪犯罪・問題行動はなぜ起きるのか——事件から学ぶ学校・家庭・地域の役割とネットワークづくり』（ぎょうせい）
・『香川県の歴史散歩』（山川出版社）

（三）　玉井をモデルとした書物

・『就職部は眠らない――香川短期大学の挑戦』（第一プロジェ）

・『一人の学生も泣かさない――香川短期大学卒業生からフリーターを出さずに毎年、毎年、完全就職』（美巧社）

（四）　表彰

・香川県知事「香川県次期総合計画策定論文」優秀賞（一九八五年）

・文部科学大臣「教育功労賞」（二〇一〇年）

・他の表彰五（香川短期大学理事長三、香川県警本部長、高松南ロータリークラブ会長）、感謝状（高松市長他）

（五）　社会貢献

・いのちの電話相談員として、土曜日午後六時～翌午前六時（夜間一二時間）にかけて電話相談を実施、自殺防止に取り組む。

（六）　学校・自治体関係

・丸亀市社会福祉協議会理事　　・学校評議員（宇多津中学校・琴平高校・飯山高校）

・宇多津町教育委員会事業評価委員等

（七）　講演歴

・北海道教育フォーラム（帯広市）　・日本私立学校振興・共済事業団（東京）

・全国高等学校ＰＴＡ連合会全国大会基調講演（高松市）　・中国・四国高等学校ＰＴＡ連合大会（高松市）

・香川県企業公的機関採用担当者研修会（オークラホテル丸亀）　・三重県津市・岡山県倉敷市・香川県内企業・教育団体・各高校など

著者略歴

故・玉井正明（2024年1月17日没）

香川県丸亀市三条町に生まれる。

尽誠学園高校卒・立命館大学法学部卒・多度津町立多度津中学校講師を経て、新採用で小手島中学校に赴任・小手島赴任直前に妻サチエと結婚するが、そのまま別居生活。小手島中学校バレーボール部監督を務めて1959年に香川県大会で優勝した。

2024年『「なつかしき笛や太鼓」の舞台裏』の遺構を残し没する。


玉井康之（北海道教育大学副学長・教育学博士）

香川県丸亀市に生まれる。
新潟大学法文学部卒・岡山大学大学院経済学研究科修了・北海道大学教育学研究科修了
北海道教育大学釧路校教授・キャンパス長を経て、現在北海道教育大学副学長

木下惠介監督映画「なつかしき笛や太鼓」の舞台裏
——小島の満天に星は輝く

2025年 1 月19日　初版第1刷発行

著　者　故・玉　井　正　明
　　　　　玉　井　康　之

発行者　木　村　慎　也

・定価はカバーに表示　　印刷　中央印刷／製本　和光堂

発行所　株式会社　北樹出版

〒153-0061　東京都目黒区中目黒1-2-6　(03) 3715-1525(代表)

ISBN 978-4-7793-0765-2